JN256725

新大霊界シリーズ――③

神真実と迷信

悪徳霊能力者にだまされるな!

隈本正二郎
Kumamoto Shojiro

展望社

はしがき

大霊界は私たちの生活に深く関わっておりますが、多くの人にとっては、見えない霊の世界は神秘そのものであり、謎のベールに包まれた世界と言えるかもしれません。

霊の世界は私たちの暮らしに深く関係しているにもかかわらず、大方の人の知識は完全とは言えないと思います。

人々にとって霊界について学ぶべき手がかりとなるものが非常に少なく、せめて知識として身に付けようと思っても、あまりにも謎に包まれた世界であり神秘に満ちています。結局は無知なるまま霊界と向き合わなければならないということになってしまいます。

霊の世界は、一部神霊能力者の介在によってしか「真理」を解き明かすことができないという現実があります。

大霊界は未知なる世界ゆえに、多くの迷信や誤魔化しや、偽者《にせもの》がはびこっています。言うならば「迷信の世界は闇」の世界です。

私のところに神霊治療を受けにやってくる人の中には、怪しげな祈祷師や偽霊能者、あるいは悪徳宗教家に、多額な祈祷料や神霊治療費、鑑定料を騙し取られてからやってくる人がいまだに跡を絶ちません。

《なぜ騙されるのか……》、その理由は、霊界の真理を知らず迷信に踊らされているためです。無知なるゆえに騙しの罠にかかるのです。

本来は霊の助けによって幸せな現世を生きなければならないのに、迷信の闇に迷い込み、先が見えなくなっている人があまりにも多いのです。この現実に私は驚いている次第です。

《これではいけない。見えない世界の真理に光を当て、迷信の闇を拭い去らなければならない》

私は考えたのです。迷信に翻弄される人々を迷いの闇から救いあげるのも真の神霊能力者の仕事ではないかと考えて筆を取った次第です。

見えない世界ではありますが、私たちにとって人生を全うする上で欠かせない大いなる存在である大霊界の真理を、一人でも多くの人に示すことは、迷信の闇に迷える人の足もとを照らす明かりになってくれるのではないかと考えつつ筆を進めました。

真理を掘り起こすために、日本古来の占いや予言なども調べてみました。一般庶民がおちいりやすい迷信の世界をひととおり検証いたしました。あながち迷信として切り捨てるわけにもいかない、歴史的な占いや、民間伝承も多々残っているのも事実です。ただ、私は占い師でもなければ祈祷師でもありません。私は神霊（心霊）研究家としてあくまでも神霊学的な視点で大霊界の真理と迷信の闇について述べました。

神霊学の視点は、占いとも宗教とも違います。あくまでも神霊学の視点に立ち、その立場を変えることなく、迷信の闇にうごめく偽者について糾弾いたしました。

本書は単なる神霊の書というより、見えない世界を広く述べた概論の書としても興味を持っていただけるのではないかと自負しています。

本書によって迷信の世界を学び、誤った観念を捨てて、新鮮な気持ちで大霊界の真理に目覚めていただくことを心よりお願いする次第であります。

皆さまの霊的開眼と霊的生活の多幸をお祈りしています。合掌

平成二十八年十月吉日

著者　隈本正二郎しるす

神・真実と迷信

悪徳霊能力者にだまさるな！

目次

プロローグ
純なる祈りと狂信

Part.1
神と霊の迷信と真実

Part.2
神社仏閣にまつわる迷信と真実

Part.3 先祖供養と水子供養の迷信と真実

Part.4 神霊治療の迷信と真実

Part.5

縁結びに関する迷信と真実

Part.6 死後の世界の迷信と真実

フィナーレ

大霊界の大道を生きる――あとがきにかえて

プロローグ

純なる祈りと狂信

正しい信仰と狂信——迷信が生まれる原因

大霊界は、見えない世界ですが、ある人にははっきりと認識できて、まぎれもなく実在している世界です。特殊な能力を持った人には大霊界は実在の世界なのです。しかし大方の一般人にとっては、神や霊の世界は、「見えない世界」ということになります。「見えない世界」と呼ぶとき、正しくは、「霊魂の世界」「信仰の世界」「精神世界」を指して言います。しかしながら信仰の世界や精神の世界はある程度学問によって解明されていますから、見えない世界ではありますが、不可解な世界ではありません。人間にとって不思議で見えない世界といえば大霊界を指します。

言わずもがなですが、電波は見えなくても見えない世界とは言いません。電波の正体は、科学的に証明できるからです。しかし科学の進歩した現代であっても、大霊界は科学的、物理的にその整合性を解き明かすことはできません。

霊魂も、精神も、見えない世界です。私たち人間は見える世界よりも、見えない世界により多くの影響を受けています。

見えない世界からの影響力は、個人の生き方や考え方によって強弱があります。ナイーブで真っ直ぐな心の持ち主は、見えない世界からのメッセージやコンタクトを正しく受け止めることができます。ところが心が歪み、疑い深い人は、見えない世界からの働きかけを正しく受け止めることはできません。疑心に満ちた人は見えない世界からのメッセージを間違って受け止めます。また、人によっては見えない世界の真意を勝手に作りあげて想像で周囲に伝えたりします。見たこともないくせにあたかも見てきたように周囲に嘘をばらまきます。これが迷信の原因となるのです。見えない世界ですから、間違った考えや教えがまことしやかにまかり通ることになります。

迷信に惑わされ、迷信を信じる人は、結果的に大霊界の法則を無視して生きることになります。迷信は見えない世界のメッセージを曲解《きょっかい》したり、見えない世界から送られるメッセージを故意にねじ曲げて人々に伝えるところから生まれてきます。

実は見えない世界の最大のメッセージは「神の心」です。神は人間の不幸を喜んだり、人間が苦しむことに手を貸したりしません。神の究極の目的は、人類の幸せと平和です。

歪んだものを復元し、病の身を回復し、争いを平定し、暗黒に光明をもたらすのが神の心です。　神の心を曲解し、神の心と裏腹の教えを信じることは人間として最大の不幸です。迷信は神の心を誤解するところから生まれるのです。信仰は清浄にして真摯なるものです。迷信を信仰することを「狂信」と呼びます。

正しい信仰か狂信かの尺度はきわめて単純です。正しい信仰は信仰者を幸せにし、迷信を信ずる狂信者は信仰することによって、苦しみが増大したり、不幸につき落とされていくということです。信ずることで幸せになるのが正しい信仰で、信ずることで不幸せになるのが狂信です。真理と迷信のこれほど単純明快な判別法はありません。

怪しげな言い伝えや、お金をむしり取ろうとするような教えは迷信で、神の真理はあくまでも救いであり、信仰することで幸福を得るというところにあります。

迷信と伝説の区別

有名な宗教には数多くの伝説があります。釈迦もキリストも偉大な霊能者で、数々の伝説を残しています。釈迦もキリストも、その偉大な霊能力で病気を治したり、世の中を改

正しい信仰
大霊界のメッセージを正しく受け取り、人類の幸せと平和を祈年する。
水子供養
動物霊の祟り
先祖因縁
墓の位置家相
周囲に嘘の信仰をばらまき、人々を不安にさせ、お金をむしり取る。
間違った信仰

めたという伝説は数多く残されています。

日本の神社仏閣にも、たくさんの伝説が残されています。そもそも、世界各国に存在する神話なるものは、ほとんどが伝説によって作られています。日本の神話を例にとっても、天照大神《あまてらすおおみかみ》の天岩窟戸《あまのいわと》伝説を初め、神々の故事来歴は、ほとんどが伝説です。

日本各地に存在する神社仏閣には、それぞれに伝説があり、信仰の故事来歴として伝えられています。

出世祈願の神様、五穀豊饒《ごこくほうじょう》の神様、試験合格の神様、学問の神様、芸事の神様、眼の神様、縁結びの神様、安産の神様、相場の神様、ギャンブルの神様……と、書き出せばとどまるところを知りません。極端な言い方をすれば、神社仏閣の数だけ、御利益《ごりやく》の伝説があると言っても過言ではありません。

前著でも述べたのですが、年寄りの原宿と呼ばれている東京の巣鴨にあるとげ抜き地蔵の由来は針を飲み込んだ奥女中が、巣鴨の地蔵を信仰することで、飲み込んだ針が出てきたという故事から、とげ抜きに霊験があるとして、とげ抜き地蔵の愛称で親しまれ、信仰の対象になってまいりました。

そのような故事が実際にあったのか、単なる伝説なのか、それはともかくとして、神社仏閣にはこのような言い伝えが残されています。例えばその神社を拝めば眼の病気が治るという御利益の故事は、伝説か迷信かということですが、現代的感覚で厳しく分析すれば迷信のカテゴリーに入るかもしれません。しかし、信仰について迷信と決めつけるのは宗教の立教の成立過程から言って難しいものがあります。

御利益伝説は、神社仏閣の神主や僧侶が、参詣人を集めるためにでっちあげた伝説というわけでなく、庶民が自分の願いを聞き届けてもらいたいという、切なる願いから伝説を作りあげ、信仰したものと考えられます。

伝説の中には、荒唐無稽なものや、話ができすぎているものもあります。例えば江戸を騒がせた希代の盗賊ねずみ小僧次郎吉の墓がギャンブルに御利益があると言われたり、出世の早かった加藤清正を祀った神社はスピード出世に御利益があるなどというのは、信仰者の願望が伝説になって伝えられたものと言えるでしょう。

これを大真面目に厳しくとらえて論ずるならば、伝説＝迷信と言えないこともありません。迷信を信仰するのは狂信と前述しましたが、ギャンブルで人生を踏み外す人はいても、まさか信仰で身を滅ぼすということはないと思います。伝説を迷信だと決めつけて目くじら立てて非難するほどのことはありません。迷信で身を滅ぼすのは迷信を真理と考えて狂信するためです。この点については改めて後述します。

伝説によって神の来歴を知ることで、信仰の目的や対象がはっきりしてきます。伝説を迷信だと決めつけて、神仏に背を向けるのはいかがかと思います。どんな御利益があるのか知らずに手を合わせるよりも、どんな願いをかなえてくれる神様か知っていて手を合わせるほうが祈りに身が入るというものです。病気に御利益があると言い伝えがあるなら、病気の人はその神社に手を合わせるほうが祈りの理にかなっています。商売繁盛の御利益がある神様に病気を治してくださいと祈るより、病気平癒の御利益がある神様に祈るほうがよいのです。

神霊学的に言えば、人間の必死の祈りを受け止めてくれるのは、神社仏閣というより、大霊界に存在する大神霊のエネルギーです。神社仏閣は大神霊へ祈りの趣旨をつなぐ指令搭のようなものです。その神社や寺が御利益があるというのは、その社寺があるいは大神霊への回路が通じているためかもしれません。

伝説は根も葉もない夢物語というより、過去に御利益を体験した人がいて、その事実が語り継がれているのかもしれません。そう考えれば、伝説を軽んじるわけにもいきません。

伝説には、信仰の助けに
なるものもある
大霊界
神社仏閣は大霊界への祈りの趣旨を人々に伝えてくれる役割がある。
伝説により、神の来歴が知られ、人々の信仰の目的や対象がはっきりする。

素直に祈りを捧げるというのも悪いことではありません。

伝説は古来からの経験が語り継がれて一つの物語を作っています。それに対し、迷信は実は根も葉もないことが語り継がれているうちにあたかも本当のように信じられてしまったということです。

迷信は人生を誤らせる

語り継がれる伝説の中にも、もちろん悪い伝説もあります。悪い伝説は、伝説というより、むしろ迷信と考えたほうがよいでしょう。よい伝説は、聞いたり実行する人の生活に彩《いろど》りを添えますが、悪い伝説や迷信は、人間の生き方を萎縮させ、生活に不安の影を投げかけます。

昔、東北地方で、新築した家に村人たちが押しかけて、当日建てた家の柱を抜いて、屋根を破り御祓いするように強要しました。理由は三隣亡《さんりんぼう》の当日に家を建てると大工は怪我をし、向こう三軒両隣が火災を起こして焼失してしまうという迷信があり、その迷信に村人たちが踊らされての結果でした。

三隣亡というのは九星占いから来た俗信で、まったくの迷信です。家の取壊しを迫られた家のあるじが県の人権擁護課に訴え出たことで、この事件が明るみに出ました。迷信が生活に暗い影を投げかけているとして、マスコミは事件を報道いたしました。

「三隣亡」というのは、江戸時代の公的な暦にも載っていない、民間の迷信伝承のひとつです。大安、仏滅などと同種の占いで、江戸末期から明治にかけてはやり出した民間の占いから来ていた迷信です。

何千年、何百年の歴史の中で、暮らしの中に伝えられた伝説や迷信は多数あります。文明に取り残された文化の低い社会では、人々は多くの伝説や迷信とともに暮らしています。未開の社会は、言い伝えや伝統が暮らしの指針になっています。そこでは伝説や迷信は日常的なものになっています。

何か困難なことが起こると、長老は「昔はかくしかじかで解決してきたものだ」と言って昔聞いたことのある伝説や迷信を引き合いに出します。それを聞いた人々は、長老のいう昔の教えにしたがって事を処理します。それをみた若者がやがて長老になったとき、同じような事件に遭遇すると、昔の体験からかつての長老と同じように事にあたります。このようにして伝説や迷信が受け継がれていくのです。

日本は文明国家ですが、伝説、迷信が数多く残されています。日本は島国で、江戸時代の末期まで鎖国政策をとっていました。文明開化が遅れ、古い伝説や迷信が生活習慣になっていました。

このような日には種まきをしないほうがよい。このような日には葬式を出さないほうがよい。このような日には外出や旅立ちはしないほうがよい。この日に生まれると盗賊になる。この日は戦をしないほうがよい……。いろいろな迷信がはびこっていました。神霊学的にはまったくのナンセンスな迷信です。時代の進歩とともに、迷信は徐々に廃れてきましたが、一部の信奉者はまだ信じています。

また迷信の中には、明らかに迷信ではあるが、人間の生活の知恵として伝えられているものもあります。

本書の主題から言って適切な例ではないかもしれませんが、皆さんもよく知っていることわざに、「秋茄子《なすび》は嫁に食わすな」というのがあります。一説には、秋の茄子は美味しいので、嫁に食べさせるのはもったいないという、嫁いびりのことわざと考えられていますが、実は秋の茄子は体を冷やすので、子供ができなくなると困るので嫁に食べさせてはいけないという説もあるのです。そうなりますと嫁いびりではなく思いやりのことわざということになります。また、茄子には種が少ないので、子種がなくなると困るという願望が生み出した迷信という説もあるのです。

秋茄子で不妊症になるなどというのは全くの迷信ですが、子供が労働力だった昔は、お嫁さんにたくさん子供を生んでもらわなければならなかったのです。そのような切実な思いが「秋茄子は嫁に食わすな」の迷信として語り継がれたのでしょう。

ことわざの中には、人生の知恵となっているものもあります。形は迷信ですが、その教えが一つの生活術になっているというものです。

東北地方に「朝の井戸水には薬が湧いている」ということわざがあります。薬が湧くということはないので、形としては迷信です。しかし朝の井戸水を飲むことは健康術としては理にかなっています。薬が湧いていると言い伝えることで、それとなく健康生活術を教えているわけです。同様の言い伝えに「朝の梅干し難逃れ」というのがあります。朝に梅干しを一粒食することはやはり健康法としては正しいのです。この場合の「難」というのは「災難」というより食あたりを指しているのかもしれません。

ところが「朝のうちに坊さんに会うとよからぬことが起こる」というようなナンセンス

な迷信もあります。死者の弔《とむらい》の儀式を取りしきる僧侶と会うのは縁起でもないというつまらない連想が、いつの間にか迷信として伝えられたのでしょう。

迷信の尺度として、私は、人間の生活に不安や恐れを与え、経済的負担を強いるのを「有害迷信」として区別したいと思います。

例えば、「あなたには動物霊が憑依している。そのためにあなたの妻は病気になっている」などと人に不安や恐怖を与えるのが「有害迷信」です。「この動物の霊を除霊するのに三十万円いただきます」ということになると「最悪迷信」ということになります。神霊学的には動物霊の憑依はほとんどありません。関係者たちが動物霊と信じて（迷信）いるだけです。もし何らかの憑依現象であれば、動物霊というより、それは低級霊が原因となっていると考えられます。力のある霊能者の鑑定を仰ぐべきです。

このような「有害迷信」に対して、とりたてて実害のない「無害迷信」「滑稽（ナンセンス）迷信」というものもあります。また、前述のように生活術として伝えられているものは、迷信ではなく、ことわざとして区別したいと思います。

問題は迷信を悪用して迷える大衆から金品を搾取している偽《にせ》の霊能者がいることです。真の霊能者は神霊の使徒であり、いかなる理由があろうとも、決して大衆を苦しめたりしません。真の神の世界には迷信は存在しません。神霊の使徒たる霊能者はいつの場合も清浄無垢にして慈悲心で人間を包みます。真の霊能者は迷信を利用して金銭を得ようなどとは考えたりしません。

許せない「有害迷信」――悪徳霊能者の金儲け

伝説、迷信がどのようにして生まれ、どのように信じられてきたかについて、常識の範囲で概略を述べてまいりました。

いろいろな歴史的経緯で語り継がれ、信じられてきた伝説や迷信の中には、それなりに理解できるものもあるし、迷信ではありますが、それほど目くじら立てて怒るほどのないものもあります。たとえ迷信的な話であっても、迷信であることを知った上でそのことに惑わされなければよいわけです。迷信に従いさえしなければ、生活に何ら影響がありません。迷信によって恐怖心が生まれたり、苦しみを与えられたりしなければ、日常生活で少しの痛痒《つうよう》もありません。

問題は、迷信をあたかも真実のように主張して、不安をあおり、それを解消するために多額の祈祷料などを要求する人がいるということです。

迷信が困るのは、病気や不運を、蛇の祟《たた》りなどと言って、その祟りを取り除くためには何十万円という金銭が必要だと相手の弱みや不安につけ込む人がいることが問題なのです。そんな人があやつるのが、まさに「有害迷信」ということです。

前著の「神秘力の真実」でも述べましたが、神霊学的には、ペットの霊も水子霊も霊障を与えることは少ないのです。しかし、三十年ほど前に水子供養のブームを招来したことがあります。全国の寺院の多くが「水子供養いたします」と、先を競ってメディアに宣伝をいたしました。まるで水子供養の広告の嵐、水子供養の宣伝の洪水の如くになりました。

最初のころは、水子供養の供養料は、一体で何十万円かでしたが、終いには一体一万円ということになりました。堕胎天国日本の現状を裏書きするように、申込者が殺到したのです。まさに、迷信を「供養」という美名にくるんで、人々に働きかけたのです。例えば「あなたの子供が非行に走ったのは水子霊の障りによるものです」「あなたの肩こりは水子霊が成仏していないからです」「あなたの子供が怪我をしたのは水子霊の霊障です」「あなたの家が不運なのは水子の霊のためです」と、いろいろな理由をつけて「供養しなさい」と供養を強要したのです。真の供養の意味を知らずして、偽の霊能者たちは、ばかの一つ覚えのように、迷信を供養で解決するように迫ったのです。

前項で述べた三隣亡の迷信と同じようなものですが、「供養」という美名に包まれているだけに、人々は貴重な金銭を出して水子供養に走ったのです。

同じように仏教的な迷信で「因縁」という迷信を押しつけて金品を要求した例も数多く見受けられました。

「因縁」という言葉はれっきとした仏教の言葉で、世の中のあらゆる現象は因縁によって起こると説かれています。確かに仏教理論としては正しいのです。しかし、この仏教理論の骨子だけを抜き取って金を儲けようとした偽の仏教徒もいました。

すなわち「あなたが現在不運なのは、先祖の因縁によるものだから、因縁から解脱しなければ幸せになれない」という論理を編み出したのです。理屈を編み出しただけなら言葉の遊びとして許せますが、因縁解脱をするために何百万円という金銭が必要だというのです。因縁を解脱する費用として何百万円の金銭を要求した悪徳仏教徒もおりました。

水子供養、先祖供養、因縁解脱、霊の障り、墓相、占い、方位、法事、仏事、仏壇、仏具、壺、印鑑……、さまざまな有害迷信によって大金を集めた霊感商人がはびこったのは、記憶に新しい話です。

以上の個々の迷信について、これからのPartで神霊学的に詳しく分析して、有害迷信の欺瞞性を暴きます。

プロローグにおいて迷信について述べたかったのは、迷信と言ったところで毒にも薬にもならない「無害迷信」があるのに対して、金品を掠《かす》め取られるような「有害迷信」もあることを言いたかったのです。現代に生きる私たちは、迷信の欺瞞性を検証して、正しい信仰生活を送ることが何よりも大切です。

Part.1

神と霊の迷信と真実

幽霊の迷信と真実

《幽霊の正体みたり枯れ尾花》という狂歌があります。意味は単純明快です。「幽霊だと思ってびくびくしていると、何のことはない、その正体は枯れた薄《すすき》が揺れていただけのことだった」という意味の狂歌です。

怖い怖いと思っていると枯れ尾花さえ幽霊に見えてくるという人間の愚かな錯覚の心理を揶揄《やゆ》した狂歌です。

薄の穂を幽霊と思うのは迷信かもしれませんが、神霊学的には、霊魂実在の真実から言えば幽霊はありうる現象ということになります。

幽霊とは、通俗的には霊魂が人間の形となって現れることです。しかし、実際は幽霊現象は、必ずしも、人間の形として現れるだけではありません。音や光として現れたり、物を動かしたり、冷気を発したりします。中にはひんやりとしたものに触れられたような気がしたという報告もあります。

日本の怪談話は、人に騙されたり、なぶり殺された人間が幽霊となって現れて復讐するというパターンで作られています。怪談話では、四谷怪談や番長皿屋敷などが有名です。番長皿屋敷は、家宝の皿を割ったという濡れ衣を着せられて惨殺され、井戸に投げ込まれた奥女中が、投げ込まれた井戸から姿を現して「いちま～い、にま～い……」と皿を数えるシーンは芝居、映画でお馴染みのものです。この場合は恨みを抱いて憤死した霊魂が幽霊として現れるわけで、これは霊魂の幽姿《ゆうし》現象ということになります。

怪談話は恐ろしいのですが、前著、新大霊界シリーズ①の「神と霊の力」でも述べたように、必ずしも幽姿現象は恐ろしい形をしているわけではありません。病死したフィアンセが恋人に逢うために訪ねてきて握手をしたという話を申し上げました。これは生前の姿のまま現れていることになります。他に述べた事例では、病院の前からタクシーに乗って自分の葬儀をしている自宅に駆けつけた話もいたしました。また、可愛がっていた孫娘が登山で遭難し、孫娘の命の危機に、死んだ祖父の幽霊が現れて、安全な場所に誘導した話も書きました。

それらの幽霊は人間の姿をしていたわけで、それは霊魂の「幽姿現象」と呼ぶべきものですが、おどろおどろしいお化けの幽霊ではありません。

自分が災害や事故で突然死なななければならなかった場合、霊はその無念さを、生きている関係者などに伝えたいという思いがあるのです。

全著でも述べましたように、病院から自宅にタクシーで戻った客が実は霊魂であったという話などは、現実にタクシーの運転手が体験している話です。客の行く先にしたがって目的地に着き、振り返ると、乗ったはずの乗客の姿は見えません。後部シートにはだれも乗ってはいなかったのです。運転手は急いで後部座席に行ってシートを触ってみたら、まるで氷に触れたように冷たかったと告白しています。このような話は実は神霊学的にはありえる話です。

神霊学的な幽霊の考察

前項で、人間の姿を借りて人に想いを訴える幽霊の話を述べてまいりました。実は霊魂が人間の姿となって、人間に何かを訴えるということは非常に少ないのです。

幽霊の実態は言うまでもなく「霊魂」です。霊魂には人間の形をとらなくても、現世の人間に訴える方法はたくさんあります。わざわざ人間の姿になって人の前に現れる必要はありません。

幽霊現象の中には、音や光や冷気などがあり、霊魂が何かを訴えたい場合、必ずしも人間の姿を借りなくても目的を達することができるからです。

霊が復讐するということも、神霊学的には少ないのです。幽霊に復讐されて日に日に体力や精神力が奪われるのは、人間の罪意識や良心の呵責が「幽霊という幻覚」を生み出しているのです。殺人犯が幽霊に復讐されるのは、自分の罪悪感によって殺した人の幻覚に苦しむのであって幽霊が復讐しているわけではありません。

幽霊が人間の姿になって復讐することも皆無ではありませんが、非常に少ないのです。前述した、前著「神と霊の力」でも述べた、山岳登山で遭難した孫娘を死んだ祖父が誘導して九死に一生を得た事例ですが、孫の危機的状況に祖父の霊魂が反応したのは確かな話だと思います。孫に救いの手を差し伸べたのは「孫娘の守護霊」であり、それが祖父の霊魂であったかもしれません。しかし、祖父が登山服姿で現れたと感じたのは孫娘の幻覚です。娘を誘導したのは祖父の霊ですが、祖父の姿に導かれたと感じたのは孫娘の幻覚だったと考えられるのです。

霊魂には復讐するという意識がありません。霊に復讐されていると感じるのは人間の罪意識や良心の呵責です。ただ、復讐とは異なりますが、霊が人間に想いを訴えることはあります。霊が何かを人間に訴えたいときは、霊障を与えることで、人間に自分の想いを気づいてもらおうとします。気づかせることで霊がしてもらいたいことを人間に促すのです。多くの場合、霊障は、病気という形で噴き出したり、肉体の一部に痛みを与えることで霊の想いを訴えるわけです。中には事故を起こさせたり、怪我をさせたりすることもあるので、霊障を軽く考えるわけにはいきません。霊障を霊の復讐と考える人もいますが、霊は仕返しのために人間に霊障を与えることはありません。

幽霊現象は復讐というより、人間に何かを訴えるときに起こる現象です。霊障は未浄化の霊が浄霊されることを願って人間に与えるマイナス現象です。未浄化の霊の多くは低級霊で、天界に自分の居場所を見つけるために、人間に霊障を与えます。霊障を受けた人間は、神霊治療によって霊を浄化することで霊の想いを満たしてやり、天界に送り届ければ霊障は解除されます。低級霊は人間の形で人間に想いを訴えるというような、複雑な心霊現象は起こせません。

幽姿現象は、人間の形で訴えたほうが、より自分の願いが届きやすいということで行うわけで、守護霊や、高級霊が時に人間の形となって人に何かを訴えます。

これは外国の心霊研究で発表されたケースですが、ある女性の幽霊体験です。ある女性が夜中に人の声で目が覚めました。だれかがドアを叩いて自分の名前を呼んでいます。起き上がってドアを開けると、数年前に亡くなった母が、双子を抱いて立っています。

「ママ、どうしたの？」懐かしさと驚きで娘は母に問いかけました。

「お前にこの子を育ててもらいたいの……」

母は、娘に腕の中の双子を託すとドアの外に消えていきました。

そこで娘は目が覚めますが、あまりに生々しい記憶なので、どうしても夢には思えませんでした。しかし、託されたはずの双子がおりません。やはり夢だったのかと納得しました。ところが、それから数時間後、その女性のもとに、はるか離れた北の街に嫁いだ妹の死が知らされました。何と、妹は双子の子供を残しての急逝でした。

亡き母は、二人の孫を残して死んだ娘のために幽霊となって、健在な娘に双子を育ててもらうように訴えたのです。

以上の話は、形は夢や幻覚ですが、一つの幽霊現象と言えるでしょう。亡き母が自分の孫の危機に娘のところに現れて残された双子を育てるように訴えたのです。

幽霊現象は必ずしも幽姿だけではありません。霊魂が何かを訴えたいとき、ある種の音を立てて人間に知らせることがあります。その音はさまざまで、叩くような音、歩く音、衣ずれのような音、風のような音、私の集めたデータの中にはすすり泣きのような音という例もあります。音を立てることで、幽霊は自分の存在を主張したり、何かを訴えているわけです。しばしば、幽霊話に出てくることですが、ピアノを弾いたり、ギターを爪弾いたり、クラリネットを演奏したりする例が報告されています。

よく聞く話ですが、殺人事件などの折、あわや事件が迷宮入りするというとき、被害者のお告げで刑事がある場所を捜索すると、重要な証拠物件が発見されます。霊魂の導きです。これで難事件が一気に解決したという話などを聞くことがあります。

捜査担当の刑事の前に被害者（幽霊）が現れて、重要なヒントを与えたという話はしばしば当事者の刑事から聞くことがあります。そのような話は多くの人が耳にしているエピソードです。実際に詳細に事実を分析したわけではないので、真偽のほどはわかりませんが、霊魂実在の前提に立てばありえる話と思います。

また幽霊のなかには、発光するという報告もあります。墓地などで、暗闇の中を光が浮遊するという現象を見たという報告は数多くあります。浮世絵など、昔から絵に描かれる幽霊といえば、一緒に火の玉も描かれています。昔は遺体は土葬でしたので、骨の成分が化学的に分解されて、燐となって光を発するという説もあります。

死者の家から火の玉が出て、空を浮遊して消えたというような報告もあります。それを見た人は、そのとき死者の家とは知らず、後日、その家の某《なにがし》があの日亡くなったことを知り、さてはあのときの火の玉は、死者の霊魂であったかと考えるわけです。

このように幽霊現象は、さまざまな形で報告されています。霊魂実在のスタンスに立てば幽霊がいろいろな手段で人間に何かを訴えようとしていることは十分に考えられることです。幽霊現象を迷信として頭から否定するのではなく、霊の訴えを真摯に受け止めてやる姿勢は大切です。

霊言と霊媒の迷信と真実

霊言とは文字通り「霊の言葉」のことです。言い換えれば「霊のお告げ（死者の声）」のことです。一般的には、トランス状態になった霊媒が、霊の言葉を聞き取り、その言葉を第三者に伝えるわけです。

霊の言葉を伝達する人を「霊言霊媒」と呼んでいます。一般的に知られている霊言霊媒は、青森県の恐山にいる「イタコ」と呼ばれる人たちです。近郷近在から人々は恐山に登ってイタコを訪ね、死者の声に耳を傾けます。

死者の声（霊言）を聞きたくて多くの人が恐山に登るわけですが、それらのほとんどが死んだ肉親の声を聞きたいためと言われています。

若くして亡くなった我が子は今あの世（霊界）でどのように過ごしているのだろうか？　どんな想いを抱いているのだろうか？　こんな気持ちでイタコに口寄せを頼むのです。死者の声は、もちろん我が子だけではありません。亡き母はあの世でどう過ごしているのか？　急死した愛妻はこの世にどんな想いを残しているのだろうか？　死んだ夫の想いは？　親友の想いは……死者たちの想いを聞きたくてイタコに口寄せを頼むのです。

イタコは依頼者から故人の概略を訊き、自らトランス状態（入神状態）になって死者の想いを依頼者に告げるというわけです。

《庭の白梅は今年も咲いただろうか。あの世から家族のことをいつも案じている》

一種独特の節回しと抑揚をつけた語り口で呪文のようにイタコは死者の想いをクライアント（依頼者）に告げます。それを聞いた依頼者の中には亡き人を目に浮かべ涙を拭う人もいます。

死者の言葉、すなわち「霊言はありうるか？」ということですが、霊魂実在の前提に立てば理論的にはありえるわけです。実際に私自身も霊の想いを受け止めたり、霊と交信することは日常的です。

ただ、霊からの人間への伝達は必ずしも「言葉」ではなく、意識下に触れてくるイメージのようなものです。私は、それを日本語に置き換えて皆さんに説明しているのです。言葉の伝達ではないので、イギリス人、フランス人など国籍は関係ありません。霊は言語で語りかけてくるのではなく「たましい」から「たましい」への想念の伝達です。外国語が堪能だとか、英語が話せないということは霊言には関係ありません。

イタコなどの口寄せも、そのイタコに霊能力があって、真実、死者の想いを受け止めているということなら、それは言語で伝えられたものではなく、魂から魂への想念の伝達であるはずです。イタコは、それを見事に日常語に置き換えて口に出しているのですから、職業とはいえ、感心させられます。

本来、イタコは「霊言霊媒」の霊能者ですが、当事者であるイタコの霊能力が本物かどうかは、個々の例について検証してみなければ何とも言えません。

最初は霊能力があって、まぎれもない死者の言葉（想い）を伝えていたのですが、あるときから、霊能力が失われ、死者の声を聞くことができなくなったというケースもあるかもしれません。

しかし、何らかの事情で、職業としてイタコを続けなければならず、死者の声を演出して伝えているということはあるかもしれません。もし、偽りの霊能力なら、それなのに聞く人の心を揺さぶって涙を誘うのですから、仕事とはいえ大したものです。見事な職業意識と言わなければなりません。

私は研究のために、恐山のイタコではありませんが、九州在住の、口寄せを業《なりわい》とする霊能者を訪ねて死者との交信をお願いしたことがあります。七十歳過ぎの白髪の老女で、物静かな人でした。

そのときの私の霊視によれば、霊と交信していると思わせる仕種《しぐさ》はすべて演技でした。ずばり言えば、口寄せを演技として行っているのです。しかし、私はそのことを知っても、迷信として断罪はしませんでした。なぜなら、その霊能者の口寄せの料金は非常に少ない額だったからです。安ければ偽りでもよいということにはなりませんが、儲け仕事とは感じられませんでした。

その人は、偽りの霊能力を用いて、大衆から金銭を騙し取っているという感じはしませんでした。地元の人に有難く思われ、心の支えになっているのです。偽りの霊能者と断罪して名誉を奪ってしまうほどのことはないと私は判断したのです。むしろ、この事実を伝えるほうが世の中のためにならないと考えたのです。

偽《にせ》霊媒の悪徳商法

霊媒というのは、端的に言えば、霊界と現界を結ぶ仲介者です。霊媒という言葉を広い意味に使うなら霊能者である私も霊媒と呼んでよいのかもしれません。霊媒を職業とする人には前述の恐山のイタコのような口寄せを業とする人が多いのです。恐山のみならず、口寄せを業とする人は全国におります。IT時代の今、職業としての口寄せの霊媒は当然ながら少なくなっています。しかし現代でも霊媒体質を売り物にしている人は結構多いのです。前述の例のとおり、実際に霊能力がないのに霊媒を気取っている例が予想以上に多いと思われます。

明治の頃までは、霊媒は死者の言葉を伝える霊媒の他に、神のお告げの霊媒者として神官や巫女《みこ》がおりました。

私の個人的見解ですが、迷信としての霊媒は実は予想以上に多いと考えられるのです。本当に死者の言葉をキャッチしているのか疑わしいのです。なぜなら、高級神霊(心霊)は、一般的には、現界と交信を持ちたがらないのが普通なのです。相当に高度な霊能力がないかぎり、高級霊との交信は難しいのです。そのような霊の特質から言っても、「我こそは霊媒なり」と言っている人は、本当に死者の声を受け止めているのか実はいささか問題があるのです。

実は、現界の人間と交信を持ちたがる霊魂は、低級霊であることが多いのです。低級霊は霊媒体質の人に憑依して、その人に苦痛を与えて、自分を救済してもらいたいと考えているのです。自分が憑依した人が、自分の存在に気づいて、浄霊することを願っているのです。憑依された人が浄霊によって霊障から脱することで霊自身が救われるのです。低級霊は、自分が救われたいという思いから霊媒体質の人を狙っているのです。

亡くなった人が天界に入ることができずに、浮遊霊となって現界と幽界をさまよっていれば、あるいは霊媒体質の人なら案外簡単にコンタクトが取れるかもしれません。それは、前述したように、低級霊は自分がいち早く浄霊してもらって霊界に入っていきたいために人間とコンタクトを取るのです。とても「今年も庭に白梅が咲いただろうか？」などという想いを人に伝える余裕などないはずです。

肉親や親しい人が死者となれば、その想いを聞いてみたいと考えるのは人間の情ですから、私はそのことについて、厳しい論評を差し控えます。しかし、あなたの肉親が迷わずあの世に入っていったのなら、そう簡単にこの世に降りてきたりはしないと考えたほうがよいのです。力のある霊媒（霊能者）が独特の秘術でアプローチすれば交信できますが、返ってくる言葉はそれほどドラマチックなものではありません。霊界での修行は特別なものので、現界の人間に、ロマンチックに、あるいはドラマチックに楽しく伝えるようなものではありません。クライアントに涙を流させるようなロマンチックで感傷的なことは考えていません。霊界の修行は充実しており霊は人間界で生きていたことなどあれこれと思い出して懐かしんでなんかいません。

心霊科学の分野では「交霊実験」なるものが行われていて、霊にピアノを弾かせたり、ラッパを吹かせたりした例が報告されています。私自身、交霊会に参加したことはなく、その真偽については確かなことはお話できません。しかし、神霊学的には、ピアノを弾いたりラッパを吹いたりは低級霊でもできますから、交霊した霊が、高級心霊であるかどうかは問題の残るところです。

当然ながら、高級神霊は単なる霊能者のアプローチでは反応したりしません。力のある神官や宗教家の真摯な祈りに反応することはあっても、ピアノを弾いてくれなどと言おうものなら、二度とアプローチに応じてくれなくなるかもしれません。

低級霊は気まぐれだったり、いたずらの気分があったり、人が喜ぶのを見るのが好きな霊もありますので、ピアノを弾いてくれと頼めば、あるいは応じてくれるかもしれません。こう申しますと、人が喜ぶのを見るのが好きだというなら、低級霊はよい霊だと思う人もいるかもしれません。低級霊は善い霊だから人が喜ぶのを好むわけではありません。人が喜ぶ感情は低級霊にとって好ましく感じられる霊波だからと思われます。しかし、それは低級霊が心優しい霊というわけではないのです。いい加減な想いを人に伝えて、その人が困ったり、苦しんだりするのを楽しむ場合もあるのです。霊とコンタクトが取れたからといって、手放しで低級霊とのお付き合いをすることはおすすめできません。

巷《ちまた》の通常「拝み屋さん」などと呼ばれる祈祷師の中に、人の願い事をぴたりと当てたり、捜し物などの場所などが的中するので評判の人がいます。ところがこの祈祷師から法外の祈祷料を要求されたというご婦人が、困り抜いて私のところに相談にきたことがありました。調べたところ、何とこの祈祷師には、低級霊が関わっていたのです。低級霊ながら、人間には解らないことを見事に判定を下すことはできます。低級霊の無責任なお告げでも、ぴたりと的中することもあります。それで、「あの拝み屋はよく当たる」などと評判になったりすることもあります。

しかし、実は低級霊は人間を助けようという想いはありません。一時的に人間が喜ぶ霊波にひたりたいということもあります。低級霊が人助けするのは気まぐれで一貫性はありません。ときには、荒唐無稽な要求で人を困らせたりすることもあるのです。

低級霊に仕える祈祷師だけあって、この男、自分の評判がよくなったことに便乗して、一儲けを企んだのです。病気平癒の祈祷をしてもらいにたびたび訪れていた婦人が財産家であることを知って法外な祈祷料を吹きかけたのです。

「私の祈祷を受けなければあなたの孫は三年以内に死ぬ」

祈祷師は婦人を脅したのです。この脅しは、迷信の域を超えて犯罪に近い行いです。

私に相談に訪れた婦人は、私の忠告によって深みにはまることはありませんでしたが、もし、私と出会わなかったら、それ以後も何度も何度も、高額の祈祷料をむしり取られていたかもしれなかったのです。

真実の神霊の使徒ならば、決して相談者を不安におとしいれたり高額の祈祷料を要求したりはいたしません。本物か偽物かの見分け方はその一点につきるかもしれません。

虫の知らせ

神霊（心霊）現象の一つに「虫の知らせ」があります。心霊科学の分野では「未来予知」というもっともらしい言葉が当てられていますが、未来予知は、砕いて言えば「虫の知らせ」に他なりません。

虫の知らせというのは、これから起こるかもしれない、ある事柄への「予感」のことです。明日、何か良いことが起こりそうだと考えたり、明日は不吉なことが起こるかもしれないと考えるのも虫の知らせです。

人間を含めた「霊体」には特殊能力があり、これから起こることへの予知の能力がありますす。ただ、地震の予知としてナマズが特別な働きをするという例などが報告されていますが、これは地殻に地震の前兆のような動きがあり、ナマズがそれに反応したということも考えられます。地震計でもキャッチできなかった微妙な地殻の変化を水底のナマズが感じ取って特殊行動を取ったということも考えられます。そうなりますと、神霊のお告げというより、物理的な変化であり、科学的に説明がつく事例で、予知といっても神秘というわけではありません。

東南アジアの大津波のとき、多くの象が、津波の襲来の前に高台に登って助かったというニュースが報道されましたが、これも、象が神霊のお告げをキャッチしたわけではなく、地球の異変に動物的な直感力で気がついたということでしょう。

漁師やお百姓が空をみたり、星を見て明日の天候を言い当てたのは、経験から判断する予知であり、特殊能力というわけではありません。

前著「神と霊の力」《神霊を活用して人生の勝者となる》でも述べましたが、知人の僧侶が檀家の葬式を予知したという話をいたしました。檀家の中に病人がいると、「今日あたり葬式が出るぞ」と周囲に言って、葬儀の準備を始めたという話です。その和尚のカンはよく冴えていて、家族の話によれば、多くの場合的中したそうです。

この僧侶の場合は予知能力があったというより、長年の経験で得た予感だったと思われます。本人は特殊能力と思っていたようですが、《あのような倒れ方をした場合、快方に向かうのは難しく、息を引き取るとすれば、この二、三日が山ではないか？》と経験から判断したわけです。もし、僧侶の特殊能力を好意的に認めるとすれば、檀家の病人の生命力が弱くなっていくのを感じる能力を持っていたということになるでしょう。

私の知人の婦人は、その日だれかが亡くなるという予感にすぐれていました。死の予感は、田舎にいる小学校時代の幼なじみであったり、遠くに住む孫であったり、離れて暮らす兄や姉でした。あまりにその予感が当たりすぎるので、自分自身怖いと言っていました。

このような予感は、神霊学的には、自らの守護霊や守護神の発するエネルギーによって予感がもたらされるのです。

初代会長の隈本確も幼いときには周囲に住む人々の死を予感し、両親にたしなめられたそうです。実はかく言う私も、幼いときに周囲の人の死を予感したことはしばしばありました。初代は私の予感に対して叱責はしませんでしたが、人の生き死にについては、軽々しく口に出してはならないとしつけられました。「決して人間の死の予言をしてはならない」と教えられました。

人の生死に霊感が働くのは霊能者の宿命のようなものですが、生の終わりを本人に予言すべきものではないでしょう。余命は天の摂理だったとしても、できる限りその人を死の縁《ふち》から救いあげるのが霊能者の使命だと初代は語っていました。

神霊による予知の決定版といえば、何十年後、何百年後に起こるかもしれない天災や火災を予言することです。

この予言は神霊にしかなしえません。たとえ高級霊でも、天変地異や災害の予言はできるはずがありません、例えば、百年後に世界中に伝染病が蔓延《まんえん》して人類は危機に瀕《ひん》するという予言は神のみが知る予言です。天災なら、あるいは科学の力である程度予測ができますが、伝染病が蔓延するなどということはまさに神の力によって予測できることです。

それが迷信か否かというのは、それを受け止めるひとの態度です。人間の全く考えの及ばなかった予言で金儲けを企んだり、世界の人心を攪乱《かくらん》させたりするのは明らかに迷信です。

ところで、科学では説明つかない未来の予知はなぜ可能なのか？という疑問が起こるのは当然です。

現代科学は明日の気象状況、例えば明日の××地方の風向き、一週間先の日本列島の天気の具合を当てるのはいとも簡単なことです。江戸時代にこれができたら、大衆は偉大な予言者として拍手喝采を送ったに違いありません。

何しろ現代社会は、空には人工衛星が飛び交い、世界の空模様や気圧の変化など細かいデーターを送信してきます。これを分析してある程度の気象の予報は可能なのです。

しかし、何年後かにある街に伝染病がはびこったり、ある街にある事件が起きる、どこそこに革命が起きる……ということは、科学の力でも予測することは不可能です。

世界にはノストラダムスの大予言や、キリストの予言、釈迦の予言などが残されていま す。過去にもいろいろな予言が伝えられています。後出しジャンケンのような解説ですが予言が当たったと言われている例もあります。

気象や天文のように科学で推測できる予知予言とは違い、革命、戦争などの予言が的中したとすると、いかなる仮説で説明できるかということになります。

そんな大予言でなくとも、例えば私の周囲にも全く不思議な予言によって人生を生き抜いている人もいます。その多くは守護神、守護霊の霊示や警告によって行われています。

守護神や守護霊は護るべき対象の周辺に流れている低迷や潮流やタイミングを判断して、間違いや失敗がないように導いてくれます。それが予知、予言の知らせのように思われるのです。

例えば次のような予言はいかなるために可能だったのかということになります。

日神会の会員で、熱心な聖の神の信仰者です。この人が会社の用事である乗り物に乗らなければなりませんでした。ところが聖の神はその人に乗り物に乗らないように指示を与えました。聖の神の声を確かにその人は受け止めました。しかし、仕事を放り出すわけにはいきません。聖の神の御守りに手を合わせ、指示をやむなく破ることをお許しくださいと祈って家を出たのですが、最寄り駅で忘れ物に気がつき、結局、再び自宅に戻らなければなりませんでした。そのため予定の電車に乗り遅れたのです。

それからその乗り物は事故を起こして大惨事となりました。説明するまでもなく、その会員さんは、事故に遭わずにすみました。九死に一生を得たのです。

明らかに聖の神のご加護によるものであることははっきりしています。しかし、まだ起きてもいない事故をなぜ予測できたのでしょうか？　この予測は、何十年後かにある街は大伝染病によって壊滅するという予言とさして変わりません。

予知とは、文字どおり、未来に起こるであろう事実を現時点であらかじめ知ることです。すなわち、まだ起きていない事件や事故が起こるかもしれないということをあらかじめ知るということです。もしこれが実際に的中したなら迷信というような話ではありません。まさに神のみぞ知るという神秘現象です。科学的にはもちろんのこと、常識的には考えられないことです。

人間が何かを企んでいるというようなことは、神でなくとも守護霊の段階でお見通しです。それは、人間の心(想い)が関わっているからです。人間の想いを察知した守護霊は《彼は危険なことを企んでいるから近づかないほうがよい》というはからいで、自分の護るべき相手を危険人物に近づけないようにすることは可能です。

人間の想いがからんでいれば、予知や予言は可能です。すなわち、乗り物の事故が、テロリストなどによって故意に企てられたものなら、守護神や守護霊は己《おのれ》の護るべき人に危険を察知できるように仕向けます。世界各地で頻発するテロによる爆破、銃撃などから、守護神や守護霊によって護られている人は相当数いると思います。なぜなら実行犯の想いは事前に守護神や守護霊にキャッチされているからです。不幸にして犠牲になられた人の中にも、守護神や守護霊の啓示を受けた人もいたかもしれません。それでも何らかの事情でその場所に行かなければならなかったのです。

それなら、前述した、聖の神の加護力で大事故から逃れた例、あれは何ゆえの予知だったのでしょうか? 事故に人間の想いがからんでいたからでしょうか? 事故には意識するしないにかかわらず、何らかの人間の想いがからむ可能性もあるから、そのために聖の神は事前に事故の危険性を察知したのでしょうか?

予知に関して学者、文学者、心霊研究家などはいろいろなことを言っていますが、突き詰めていくとやはり、裏づけとしては釈然としない意見が多いのです。

考えてみると、人間の死期も予測できるというのは不思議なことで理屈にあいません。先代が戦争の終結を幼児のときに予測しています。大人が予測したのなら、軍事力などの違いや兵力の違いを分析して、日本は敗戦するという予測はできたかもしれません。大人が予測したのなら、それなりに理屈があって神秘現象ではありません。

その当時、初代は六歳か七歳の頃で、日本の軍事力について何一つ知識のないときです。初代の予言は神秘そのものです。

例えば何十年後かの未来を予知したことが、その時になってずばり的中していたとしたら、やはり、この世に存在する神秘現象を認めざるを得ません。

現在の神霊学において一つの仮説を立てるとしたら、この世は造物主の計らいで、初めからレールが敷かれていると考えれば、偉大な神霊はすべてお見通しということになります。19××年にはある地域で戦争が起き、19××年の何月には、東京の盛り場で火事が起き、2×××年五月には、誰某《だれそれ》が死ぬというふうに、この世のあらゆる現象は、あらかじめ神が決めているということになると、神霊にパイプのあるすぐれた霊能者なら未来

戦争・災害・事件・事故……この世で起こるすべての現象は、すでに神はお見通しである。私たちの取るべき道は、絶望ではなく、真摯な思いで神に祈りを捧げ、自分たちにとっていちばん良い道筋を神に造り直していただくことである。

真摯な祈りのエネルギーによって神霊に人生の道筋を示していただくことが大切。

を予言をすることは可能です。

このように申しますと、あらゆる現象がすべて神の計らいだとしたら、いくら努力しても神の計画なのだから仕方がないと努力を放棄する馬鹿者も出てきそうです。しかし、その考えは大間違いです。あらゆる現象に神の心が関わっているゆえに、神への祈りが大切になるのです。真摯な祈りのエネルギーで神霊に働きかけ、神の心によって自分にとって一番よい道筋を神に作り直してもらうのです。

何度も言うように、神の究極の想いは人間の救済にあるのです。人間の不幸や悲しみを神は喜びません。激しい祈りによって自分の人生軌道をすばらしいものに神に変更してもらうということが大切なのです。

夢のお告げの迷信と真理

夢というのは、現代の進歩した脳科学の分野から見れば、特別神秘的な現象ではありません。しかし、二、三百年前までは夢は神仏や霊魂のお告げと信じられていました。古代人は、夢に現れる不思議な体験は何か意味があるのではないかと考えました。昔は夢判断を商売にしていた人もいたくらいです。

夢判断の商売というのは、見た夢が吉か凶かを占って金銭をもらうわけです。一般社会では「夢解き屋」と呼ばれていました。世間的には、あまり身分の高い職業ではなかったらしいのですが、結構繁盛したと文献に残されています。

今でも残されている風習ですが、夢は他人に話さないほうがよいと言われています。見た夢がよい夢なら、他人に話すと効力が失われるといわれていました。どうやら、夢解き屋が自分の商売のために言い伝えた風習のようです。お互いに夢の結果を語り合うと、夢解き屋の判定が、いい加減であることがバレてしまうから、なるべくお互いに夢について語り合ってほしくなかったのです。しかし、地方によっては悪い夢は早く話してしまったほうが災いは起こらないと伝えられているところもあります。

夢の言い伝えは、ほとんどが根も葉もないことだと考えてよさそうです。ただ人間の感情としてもっともらしい理屈を付け加えています。《赤い馬の夢を見ると火事になる》などというのは、赤い馬ということで火事の炎を連想させるところからきたものでしょう。また人間の願望を夢にこじつけているものもあります。《明け方の夢は正夢》《朝日の夢は喜びの前兆》《体が光っている夢は天下に名を成す》《井戸水の湧く夢は金がたまる》などはいかにもありそうな話です。

　また、人間の知恵というか、優しさというか、不吉な夢を見ると良いことが起きるなどと語り継がれています。例えば《死人の夢は吉》《葬式に出会った夢は良いことが起こる》《死んだ人の夢を見ると長生きする》《死ぬ人の夢を見ると子供が生まれる》など、不吉な夢が実生活では吉になるという夢占いは、悪い夢にくよくよするなという先人の知恵かもしれません。それにしても北関東では《魚を取った夢は吉》、九州地方では《魚を取った夢は凶》と夢判断が全くの逆です。このことは、夢という生理的現象に神霊は関わっていないということの証明です。

　夢は潜在意識が睡眠状態の中で現れてくるのですから、一度も経験したことのないものは夢になりえません。テレビで世界の事件が同時体験できる現代人は見たことのないものはほとんどありませんから、どんなものも夢に現れてくる可能性はあります。一方、飛行機も鉄道も知らない奥地に暮らす先住民などは、ビルの街に取り残されて右往左往するというような夢を見ることはないと思います。林立する超高層ビル群など目にしたことのない人間が、ビルの街の夢を見るはずがありません。実生活の中で、何らかの体験をしているから夢として現れるのです。こう考えますと夢のお告げというのは神や霊のお告げとは違うような気がします。

ただ、前述した話ですが、前著でも述べた山岳登山で遭難した孫が、いよいよ絶望的になった時に、死んだ祖父が救いの手を差し伸べたのは夢の中です。本人はその祖父に導かれて下山して助かったのですから、自分に起きたことは夢だとは考えてはいません。しかし、第三者は遭難という異常事態の中で見た幻覚だと考えます。夢と幻覚を同列に考えた場合、あるいは神のお告げが夢として現れる可能性はあります。なぜなら、守護神、守護霊の存在は確実なのですから、第三者には幻覚、白日夢に見えることも、実は神霊（心霊）の守護のエネルギーが現れたと考えることもできます。

実は私も初代からの指示を夢で受けることがしばしばあります。俗に言う「夢枕」です。霊魂が何かを訴えるのに夢を利用することは考えられることです。

私がある著名な作家と食事をしたときのことです。その作家は言いました。

「小説の筋に窮して筆が止まってしまうことがあるのですが、そんなとき、近所の稲荷神社に行ってお祈りするんです。すると、不思議なことに、その夜、夢で筋が告げられることがあるんです」

私はおもしろい話と思って「ほう」と感嘆の声をあげました。

酒も入っているし、見てきたような嘘をつく小説家のことですから、どこまで信じられる話か判りませんが、理屈としてはありえる話です。

日神会の五十代の女性の会員さんの中には、最初に日神会を訪ねることになったのは、夢の中で聖地を訪ねるように言われたからだという人がいました。

「原因不明の全身の痛みに長い間苦しんできました。さまざまな病院や医院を転々とし、診察を受けるのですが、医師の診察がばらばらで、一向に改善される様子はありませんでした。民間療法、健康食品、祈祷など、良いと聞いたものは、あらゆるものを試みました。しかし結局良くならず、絶望しました。死んでこの苦しみから逃れたいと考えて床に就いた夜、紺の背広を着た男性が夢に現れたのです。一途な目を私に向けて言いました。道順を説明するから私のところにいらっしゃい。私が必ず治してあげます。そう言って私の手を握ったのです。五反田駅から五分、大ガードの信号を渡って右折……。そこで目が覚めたのですが、急いで、まだ頭に残っている道順を書き記しました」

それが東京聖地へ訪れるきっかけだったというのです。

翌日、東京聖地で対面したのが初代会長隈本確でした。その会員さんは、夢に現れた紺の背広の男性はまぎれもなく隈本確だったと証言しています。

「夢の中で私を見つめ、私に語りかけたのはまぎれもなく初代の会長先生でした」

夢枕というのは、ある場合は神霊の意図が働くこともあるのではないかと思われます。その証拠に数十年苦しみ続けた原因不明の痛みが、初代の神霊治療によって一瞬にして解消したのです。これは、神霊の神業《かみわざ》としか言い様がありません。このような事例はいくつかあり、夢枕は神の人間救済の伝達手段の一つと考えられます。

神仏の天罰

罰というのは罪を犯したものが受ける仕置きのことです。法治国家では法律を破ったものは定めにしたがって刑罰を受けます。

「天罰」という言葉があります。法治国家が法の名のもとに与える罰ではなく、神（仏）が人間を罰することを「天罰」と呼んでいます。神仏の「バツ」のことを「バチ」と呼びます。神仏の心に背いたことを行いますと「このバチ当たりめ」などと言います。

実際には神仏は人間に罰を与えたりしません。そういう意味では「××をするとバチがあたる」という言い方は迷信ということになります。

天罰というのは、人間が神仏を冒涜したり、裏切ったりした良心の呵責に苦しむということです。神仏だけではなく人間の道に恥じることをしたために感じる罪意識や良心の痛みに苦しむことです。その結果、よからぬことが起きたり、健康を損ねたり、怪我をしたりすれば、「ああ、これは天罰であったか……」と感じることです。

仏教には地獄の教えというものがあり、その教えを踏みにじったり、背いたりしたものが「地獄」に堕ちるのです。前著「神秘力の真実」で、仏教の地獄の教えについて述べました。仏の教えには人間が犯してはならない戒めがあります。この仏の道に背いた者は地獄に堕ちると教えているわけです。これは人間を教化するために仏教が採り入れたものであり、恐ろしい地獄の様相が綴られています。このような地獄に堕ちないために、人間として恥ずかしくない生き方をしなさいというのが地獄の教えであり、実際に地獄が存在するということではありません。

地獄はあくまでも仏教の悪行の戒めとして説かれたものです。現世での悪業《あくごう》の報いを受けるところが地獄であり、地獄は天罰とは意味が違います。

古来から神仏の「バチ」については宗教的にも神霊学的にもはっきりした言い伝えはありません。巷の俗言としては、囲炉裏をまたぐとバチが当たるとか、神社やお寺で糞尿をするとバチが当たるなどと言われています。囲炉裏には神聖な火の神がおり、そこをまたぐのは神の冒涜になると考えたのでしょう。神社仏閣で糞尿するなどということはエチケットとしてあるまじき行為で、これはまさに天罰以前の礼儀の問題です。忌中に鳥居をくぐるとバチが当たるという言い伝えもあります。民俗学的に死はケガレであり、そのケガレの最中に神聖（鳥居）なものに触れることへの戒めと考えられます。蜻蛉《とんぼ》を殺すと目がつぶれるなどという滑稽な言い伝えがありますが、これは蜻蛉の目が大きいところからの連想でしょう。

歴史的な話になりますが、織田信長が本能寺で重臣の明智光秀の謀反によって殺されたのは天罰であると、時の大衆の中には信じている者もいました。周知のように信長は、寺院の焼き討ちで多くの僧侶や信徒を殺しました。仏教の教えでは、僧を殺したり、仏教徒を殺したりするのは地獄直行の何よりの大逆だったのです。

地獄は天罰のために堕ちるところではありませんが、仏罰と言えば言えなくもありません。前述したように、前著「神秘力の真実」で地獄について詳しく述べましたが、仏教では現世で悪いことをした人がどのように裁かれるかを書き記した文献があります。経典の中の「地蔵十王経」のなかに出てくる故事です。このお経は中国から伝来したものではなく、日本人の仏教徒が書き残したものではないかと言われています。

地獄、極楽の話は天罰を論ずるにしても、神霊学的にはあまり意味はないのですが、天罰の話に関連して、死者はどんな風に裁かれるかを知っておいてもよいかもしれません。

現世で悪業を働いたものは、俗説として地獄では閻魔《えんま》によって裁かれることになっています。裁く裁判官ももっともらしい名前をもっていますが、名前を知ってもあまり意味がないので、割愛いたします。

死者は「初七日」に地獄の裁判官によって書類審査を受けることになっています。この書類には死者の生前の悪業がびっしりと書き込まれています。俗に閻魔帳と呼ばれるものです。後年、重要な秘密文書などを「エンマ帳」と呼ぶのはここからきているわけです。

「二七日《ふたなのか》」(十四日目)には、書類(エンマ帳)に記されている罪状が裁かれ、ここで三途の川を渡ることになります。この川のほとりには地獄の使者である老婆がいて地獄行きの亡者《もうじゃ》は、衣服をはぎ取られて、丸裸にされます。川には橋もあるのですが、現世で悪いことをしたものは橋は渡れないことになっています。

「三七日《みなのか》」(二十一日目)にも裁かれます。ここには蛇と猫がいて、邪淫の有無を調べあげられ、邪淫の罪を犯していれば猫に噛みつかれ蛇に締め上げられます。

「四七日《よなのか》」（二十八日目）の裁判は大きな秤《はかり》の前で行われ、罪の重さが計量されます。「五七日《いつなのか》」（三十五日目）には死者を掌握している閻魔王が自ら裁判官として裁きます。エンマ様は、今で言うなら最高裁判所長官というところかもしれません。ここでは地獄の鏡があり、生前の悪業が鏡に全て映し出されます。

六七日《むなのか》（四十二日目）には閻魔王の鏡を使って再度審理するということになっています。七七日《なななのか》（四十九日目）に判決が下ります。

以上の未決期間を「中陰《ちゅういん》」と言います。四十九日めの判決によって地獄を含めた六道《りくどう》のいずれかに追放されるというわけです。

なお、この日にこの世に残された者が死者のために追善供養をすると、罪一等が減じられ、供養がねんごろだと認められると極楽に行くこともできると伝えられています。

このような故事が下敷きとなって、後世の人が、死者の供養が四十九日まで頻繁に行われるようになったものと思われます。愛する家族を地獄に落としてはならないというので、できる限りの葬式で、死者を弔ったというわけです。

百カ日、一周忌、三回忌にも死者は裁かれるとありますが、このように供養をくり返す形式は、檀家をつなぎ止めるために、後世の末寺が考案したものではないかと語る人もいます。

前述のように、天罰という考え方は本来、神仏にはないものです。神霊は人を懲らしめたりしません。日本の怪談話は霊魂の復讐譚ですが、現界の人間が、無念の思いを胸に抱いて死んだら浮かばれないだろうと、同情して作りあげた想像の物語が幽霊譚です。神仏による天罰はないとしても、人間の道に恥じ、神に恥じるような行いをすれば、心が痛むはずです。純で信心深い人ほど悪業を犯した自分を許すことができず、辛い苦の種になるはずです。その苦しみこそが天罰と考えるのが正しいと思います。

神隠し

昭和の初め頃まで「神隠し」ということが、不思議な現象として多くの人々にささやかれていました。山深い寒村などでよく神隠しの事件が起きました。

「神隠し」とは突然人が消えてしまうことです。まるで神様の手によってさらわれた如く、ある日、人間が忽然といなくなってしまうのです。残された家族は近郷近在を消えた身内を求めて捜し歩くのですが、その行方は杳《よう》として知れません。予測もしなかった突然のことで、手がかりどころか目撃者もおりません。まるでかき消すように姿が見えなくなってしまったのです。

「これは神隠しだ……」

茫然《ぼうぜん》として家族は呟きます。

人が突然姿を消すというのは穏やかな話ではありません。現代の「蒸発」と似た現象です。しかし、現代で言うところの蒸発は本人の意志で姿を隠したわけで、神隠しにあったわけではありません。

ところで昔の神隠しは、神様の意思で人を隠したということはありません。その言い伝えはまったくの迷信です。

神隠しに見える現象も、実は人為的なものだったと思われます。おそらく現代で言うところの蒸発に近いものと思われます。貧しい生活に嫌気をさした若者が寒村の生活を捨てて異国の地に逃亡したということも考えられます。それを残された家族は神隠しと信じたのです。あるいは、幼児などの場合、だれかの手によってさらわれたということも考えられます。子供のいない夫婦などが幼い子をさらっていき、自分の子供として育てたということはありえます。昔は、今のような警察力も情報網も発達していませんから、子供をさらったら、山越え、谷越え、何百里も先まで逃げ延びてしまえば、だれも怪しむものもいません。まさに神隠しです。わが子をさらわれた親は、神隠しだと思って泣き泣きあきらめるということになります。

大昔に神隠しと伝えられた伝説は、蒸発、あるいは事件に巻き込まれて姿を隠したのです。まれに、足を踏み外して谷底に転落というような事故もあったと思われます。

神隠しの伝説の中に、再び村に戻ったという例も報告されていますが、誰一人として、隠れていた時期について明確に証言しておりません。戻ってきた人は家族も村人も自分の蒸発を神隠しと考えているなら、わざわざ真実を明かす必要もないと考えて告白しなかったふしが感じられるのです。子供ならまだしも、大人が三年も四年も行方不明になっていて、その期間中に何をしていたのか、まったく覚えていないというのはおかしな話です。それなのに、帰ってきた人はあえて語ろうとしないのです。神隠しで押し通そうとしているとしか考えられません。

何度もくり返し述べているように、神は人間の幸福を願うゆえに神なのであって、神は人間を悲しませたり、罰を与えたり、痛い目に会わせたりはしません。まして人を隠してしまうなどということは決してありません。

神霊学的に言っても、肉体という物体を瞬間移動させるということはありえません。それに、何の目的もなく、A地点からX地点へ人間を移動させるという意味のないことを神霊はいたしません。

神隠し伝説は、迷信と考えてよいでしょう。

神霊スポットと魔界スポット——神霊学的な考察

現代はスポットのブームと呼んでもよいでしょう。スポットを求めて多くの人が日本各地の穴場を巡っています。たとえば、ある地点(スポット)は心身を活性させる神気がみなぎっているというので人々は押しかけるわけです。その逆に、ある地点は人間の体調を狂わせる悪気が集中しているというので敬遠されます。

神霊スポットは通常は密林や山岳の奥深い地点であったり、由緒ある神社の敷地内などがあげられています。山岳地帯のスポットが心身の活性化になっているのは、通常は磁場の関係で論じられる場合が多いようです。磁場によって生じるスポットは、地質学的な現象であって、神霊学とは関係ありません。また、逆に悪気が集中していると言われるスポットは、火山によって発生する、有害なガスが漂っている場所などがあります。いずれも物理的現象であり、神霊学とは無縁の現象です。

神霊学上のスポットは、常時、神霊の気がみなぎっている場所ということになります。実は密林や山岳地帯など、大自然の中には神霊学的にスポットは存在いたしません。

神霊の気は天地自然の中に飛び交っているものではありません。すなわち、風や電波のように四六時中、天空を飛び交っているというものではありません。神霊が祀られているところなど特別な場所にのみ神気がただよっているのです。

例えば解りやすい身近な例で言えば、日神会の長崎聖地や東京聖地は神霊スポットと言えるかもしれません。一度でも来たことのある方には説明は不要と思います。一歩、聖地の中に入った方は、言い知れぬ厳かな「気配」に身も心も洗われたような感じになった経験をお持ちと思います。この言い知れぬ「気配」こそが神霊の気がみなぎっている証拠です。聖地に来たことのある人の感想をしばしば聞くことがあります。

「長年の慢性頭痛で、神霊治療を受けに来たのですが、聖地の中に一歩入るとまるで嘘のように体がしっかりしてきたのです」

「月に一度、長崎聖地にご聖水をいただきにうかがっているのですが、あるとき、風邪気味でその日はやめようかと思っていました。しかし、家内は娘の受験が数日後に迫っているので、ご聖水を絶やしたくないと言うのです。私は体調が悪かったのですが、出かけることにしました。ところが、聖地に一歩足を踏み入れると、先刻まで少し熱っぽい感じがあったのに、いつの間にかしゃきっとし、健康体に戻っていました」

そのような体験談をよく聞かされます。聖地にみなぎっている神気が体調不振を正常に戻したのです。まさに聖地は神霊エネルギーのスポットなのです。

「日神会」の聖地にみなぎっている「神気」は「聖の神」の発するエネルギーです。「日神会」の守護神として「聖の神」は常に癒しのエネルギーで聖地を満たしているのです。その神気によって心身の不調が解消されるわけです。

日神会のみならず、古来から信仰を集めている神社などは、言い知れぬ厳かな「気」に満たされているのです。ナイーブで感受性の強い人は、その気配を感じ取るのです。心の純な人は、神霊のエネルギーに反応するわけです。

西行法師は旅の途中に伊勢神宮に立ち寄りました。

何事のおはしますかはしらねども
かたじけなさの涙こぼるる

そのとき詠った歌だと言われています。

「本当に神というものがあるのかどうか知らないけれども、この荘厳な神域に立つと、かたじけない気持ちがあふれてきて涙がこぼれるのである」

このように西行は感じたのです。

神気とはこのようなもので、本当に神霊のエネルギーの充満しているスポットなら、鼻風邪ぐらいは治ってしまいます。

さて、次に魔界スポットですが、神霊学的には「地縛霊」の存在が魔界スポットなのです。生前、何らかの事情で、土地に強い愛着のある霊がその場所で自殺や焼死、惨殺、事故死した場合などに地縛霊となってその土地にしがみつくのです。

地縛霊がしがみついている土地に家を建てたり、事務所や店舗を構えても何事もうまくいきません。

地縛霊のしがみついている土地に家を建てた場合には、そこに住む人に霊障を与えることが多いのです。どことといって変わったところのある家族ではないのに、次々に病人がでたりします。また、商売の場所として店を開いても、客が寄りつかず結局失敗します。何しろ、その場所に冷え冷えとした冷気が漂い、人がその場所に近づくことに抵抗感があるわけで、そんな場所で商売を始めてもうまく行くはずがありません。

前著「神と霊の力」で、地縛霊によって客足のつかない店舗の例について紹介しました。その例は飲食店でした。味も立地条件も悪くないのに客足が途絶えてしまい、頭を悩ませた店主が相談にきました。私は相談を受けて、店を訪れたのですが、何体もの低級霊である地縛霊が店内に浮遊しているのです。店に近づくと何とも言えない不快な気を感じるのです。こんな場所では客が寄りつくはずがありません。何回かの特別浄霊を行うことによって、地縛霊は浄化し、除霊されました。その店が倒産の危機を乗り切って、商売繁盛を取り戻した挿話を前著で紹介いたしました。

特別な「気」が漂うスポットは、決して迷信ではなく存在することがおわかりいただけたと思います。墓場を心霊のスポットと誤解している人が多数おりますが、これは迷信です。この点に関しては次のパート、「墓と幽霊」の項で述べることにいたします。

Part.2

神社仏閣にまつわる迷信と真実

現世利益《げんぜりやく》と迷信

現世利益《げんぜりやく》というのは、神仏に利益を求めて祈るということです。本来宗教というのは、世俗の利益を求めるものではなく、心の悟りや救いを求めて祈るものなのです。

世俗の利益というのは、「受験合格」「商売繁盛」「病気平癒」「家内安全」「出産安産」「旅行安全」「大願成就」「縁結び」……など、神様に祈って願望をかなえることを目的としての神頼みのことです。

京都にある伏見稲荷神社は商売繁盛に御利益あることで有名です。最近は外国人の間でも知られてきて、世界から旅行客が押し寄せているということです。なぜ外国人に人気が出てきたかというと、赤く塗られた千本鳥居のトンネルが美しく、記念写真の背景として最高のロケーションだからです。また、恋人とその鳥居をくぐるのは外国旅行の思い出として、ロマンチックでもあり、インパクトがあるからです。

この朱色の鳥居は、商店主や企業主から商売繁盛を願って、あるいは商売繁盛のお礼で奉納されたものです。

要するに、日本人の神仏への信仰を支えているのは、多くの場合このような「現世利益」です。そもそも、日本神道《にほんしんとう》の発生は、天地自然の中に存在する八百万《やおよろず》の神を信仰することが原点です。山の神、川の神、海の神、火の神など大自然に存在するあらゆる神々に、自分たちの暮らしの向上を祈ったのが神道の原点です。言い換えれば御利益のために生まれた宗教が日本神道なのです。すなわち、苦しいときの神頼みこそが御利益信仰ということです。

伏見稲荷ばかりではなく、鳥居を奉納する習慣は各地の神社でも見られる信仰の習慣で、鳥居の設置には相当に高額な金額がかかります。それなのに、次々に奉納の申し込みは跡を絶たないということです。鳥居ばかりか、石灯籠や仏具、仏像の寄進者もおります。寄進する人は金額の多いことを気にもとめません。

果たして現世利益を神に祈るのは迷信的心情でしょうか？　そして、神に現世利益を祈って、神は見返りを与えてくれるでしょうか？

神に祈りを捧げれば必ず神はその祈りを受け止めてくれると考えることは決して迷信

ではありません。

人間は自分の力を信じていても、完全無欠で事に当たることはできないことを知っています。人間には人間ゆえの弱さがあります。その人間の弱さをカバーしてくれるのが神の力なのです。

《素晴らしいアイデアですぐれた商品を開発した。優秀な社員で販売体制を整えた。先端を行く才能によって卓抜したＰＲを展開した。これで商品が売れないはずはない》

しかし、それでもどこかに不安が残ります。その不安を解消するために神に鳥居を奉納して商売繁盛を祈るのです。それが正しい現世利益の信仰なのです。

商品は売れました。それは自分が優れているのではなく、神様のご加護によって商品が売れたと考えるのが正しい信仰のありかたなのです。

現世利益を金儲けのタネとする迷信とは、「この印鑑を使用すれば必ず商売が繁盛するから、この印鑑を二百万円で買いなさい……」といって善意の信仰者の金をまきあげることです。「三百万円の壺を持っていなければ、あなたの病気が治らない」と言われて、三百万円で壺を購入することが迷信なのです。

素朴にこの世の幸せを願う現世利益と、現世利益をタネに商売する霊感商法は、たとえ同じ三百万円を出すにしても天と地ほどの違いがあります。

墓と霊魂と幽霊の関係

多くの人は死者の肉体に霊魂が宿ると考えています。確かに死して十数時間は幽体が離脱しないで屍《しかばね》に宿っていることもあります。イメージ的には、霊魂を幽体が包んでいますから、霊魂もしばしの間は屍とともにあります。しかし、一定のときがいたれば、幽体が肉体から離脱し、やがて霊魂が幽体から抜け出します。

抜け出した幽体は霊魂が抜け出ますとその役目を失い、自然に消滅します。幽体を抜け出た霊魂は、それから無限といってよい、時間が流れている霊界の中に入っていきます。中には霊界に入れず低級霊になって人間の手によって浄化されるまで、この世をさまよい続ける場合もあります。

どんな場合に低級霊になるかという点について、前著の大霊界シリーズの①「神と霊の力」、②「神秘力の真実」でも詳しく述べておりますので、できる限り、ご参照のほどをお願いいたします。

さて、人間界における死者の場合について考えますと、亡くなられる場所は、病院であれ、自宅であれ、不慮の事故によるその他の場所であれ、幽体、霊魂は死体の中に数時間とどまったあと、霊魂は霊界へと入っていきます。

そして人間界では現在は多くの場合は亡骸を火葬にして所定の墓地へと埋葬されるということになります。

今までの説明は真実ですので、その説明に立脚して考えますと、神霊学的には、墓場には死者の魂は無いと考えるのが正しいのです。

それなら「墓」というものは神霊学的に意味がないかと申しますと、それは全く違う次元の議論ということになります。

生きている人間には故人に対しての、惜別愛別の念があります。また、思い出もあります。すなわち、この世を去った人への追慕もあります。

生きている人間にとって思い出や追慕をかきたてるものとして「墓」や「写真」が必要なのです。その人が存在したという確かな証です。

墓の中に霊魂がないのなら、手を合わせても無意味ではないかと冷たく合理的な考え方をする人もいるかもしれません。しかし、それは大きな間違いです。

神霊学的に見た「お墓」の意味

神霊学的には、お墓には「霊魂」は存在しない。だが、生きている人間にとっての「思い出」「追慕」の思いをかきたてる場としての意味は大きい。

墓には霊魂が無くても「思い出」や「追慕」は眠っています。墓前に立って手を合わせ、故人を偲び、現世に生きる自分を守ってもらうように祈ることは、とても尊い意味があるのです。墓に霊魂が在るとか無いとかという問題と、祈り、あるいは供養とは全く別のものです。

合理的で冷淡な人のために付け加えますが、霊魂や心霊、当然ながら神霊は、人間の祈りに良い反応を示しますから、墓場で心を込めて祈る人に対して、霊は特別な思いを抱いてアプローチしてくることは期待できます。故人を偲ぶために時折墓参することは、神霊学的に言っても無意味ではありません。

墓場には霊魂が無縁ということになりますと、墓場と幽霊を結びつけるのは神霊学的には間違っているということになります。

しかし、江戸時代の浮世絵などにも幽霊の絵といえば墓場があり火の玉が描かれています。この話は前述しましたが、昔は土葬でしたので、死体が化学変化を起こして燐などが発光したということは考えられます。それを幽霊と思ったのでしょうが、それは幽霊現象とは異なる話です。

墓場に幽霊が出るというのは、死者を土葬したことから、何となく死者の霊魂が墓場に眠っているという意識から生まれた短絡的な発想と言えるでしょう。「墓場」と「幽霊」は、神霊学的には根拠の無い迷信ということになります。

ただ、事件などに巻き込まれて殺害された被害者の霊魂が幽霊現象で死体の埋められた場所を人間に知らせることがあります。これは、霊魂がその場所に在るというより、自分の死体の在り場所を他人に示すことで、殺害された自分の無念を浄化してほしいということが幽霊現象として現れたのです。埋められている死体の中に霊魂が在るということではありません。神霊学的には、肉体は霊魂の衣服でしかありません。

墓相や方位と霊の祟り

神霊学的には墓に霊魂が宿っていない以上、墓相や方位は墓を守る人の心理的な問題であり、実際に墓の相や方位によって子孫に霊の祟りが及ぶということはありません。

墓を守る心理的問題というのは、暗くじめじめした陰気な場所に、陰気なデザインの墓を建てるのはやはり好ましくありません。お参りするたびに暗い気持ちになったり、憂鬱《ゆううつ》になったりするのは心の健康上よろしくありません。どうせ墓を建てるなら、明るい陽の当たる場所に、上品で清らかな感じのするデザインの墓石を建てるべきです。

例えば墓相家と呼ばれている人に、「墓相的にこれでは大凶だから、新たに建て直しなさい。デザインや石の加工所は私が手配します」と言われて何百万円という金銭を請求されたとすれば、これは迷信悪用ですから要注意です。

古川柳《せんりゅう》に《墓建てるたびに墓相屋蔵が建ち》というのがあります。人様の墓にケチをつけて新しい墓を建てさせては墓相屋は蔵を建てると言っているわけです。蔵を建てるほどに墓相屋は儲かったという話は江戸の昔から続いていたというわけです。

迷信と解っていても、墓相うんぬんとケチをつけられるとよい気持ちはしません。私のところに相談に来た会員さんの依頼で墓地の浄霊に出かけたことがありました。別に墓相が悪いわけではないのですが、街の占い屋さんに「墓相」が悪いと指摘されたのだそうです。息子さんが鉄棒から落ちて怪我をしたり、引きこもり児童になったのは、墓相が悪いからと言われたそうです。墓相が悪いと指摘され、大変に気にされ、思い余って私のところに相談に来ました。

私は何度も「気にすることはありません。その占いは迷信です」と答えたのですが、不安を感じている様子でした。

「それなら、私がお墓を浄霊してあげましょう」ということになったのです。何かをして差し上げなければ不安を拭えそうもなかったからです。

そんないきさつから、ある日、会員さんの墓地にうかがって浄霊をいたしました。その方は、やっと安心されたようでした。

たまたまタイミングよく息子さんの引きこもりが解消され、一家に幸せなひとときが戻ってきました。会員さんは、墓の浄霊のために息子が明るさを取り戻したと信じているようですが、実際は、息子さんの怪我も引きこもりも、墓相に関係はなかったのです。真相は、息子さんに低級霊が憑依していたのが原因でした。私は墓の浄霊にかこつけて息子さんの憑依霊を浄化したのです。

墓相は方位学とも全く関係ありません。いたずらに迷信に踊らされることなく、悪い占いには毅然と対処してください。

ただ前述したように、故人を偲ぶよすがとなる「墓」は、いつお参りしても、すがすがしい感じを受けるような落ち着いたものにしたいものです。

中には、自分の財力を誇示するような大きく威圧的なお墓を建てている人もいますが、実際にあまり意味のあることではありません。死して霊魂になれば、生きているときの階級差、学歴差、財力差も全て平等になるのです。まるで御殿のようなお墓を造るということは、神霊学的には、あまり意味のあることではありません。あの世に行けば修行の差があるだけで、魂には上下の差別はないのです。

仏壇や位牌の神霊学的考察

一般の人の中には、仏壇は先祖の位牌を祀るところと考えている人もおります。本来仏壇は位牌を置く場所ではありません。先祖の位牌は仏壇の中に置かせていただいているのであって、仏壇の主役は位牌ではありません。

仏壇の本来の役目は、家族が朝夕に仏の教えをかみ締め、本尊に礼拝を捧げるところなのです。仏壇は各家庭が持っている「小さなお寺」と考えるべきものです。

死して仏教徒は仏式で葬儀が営まれるのは当然のことで、寺の僧侶から仏になった証拠の名前（戒名）をもらい、その名を記したのが位牌なのです。

一般の家庭に仏壇を置くようになったのは、仏教が宗教として日本に完全に定着した江戸の中頃と考えられます。

仏壇は「壇」と書かれているように、単なる箱ではありません。一段と高くなっていて、そこに「本尊」をまつります。それは、仏壇も寺院と同じ発想で造られているというわけです。寺院では本尊をまつる位置を須弥山《しゅみせん》と呼びます。仏教では、世界の中心にそびえる有難い山が須弥山で、それを暗示しているのが須弥壇です。この有難い壇の上に教えの中心となる本尊をまつるのです。

仏壇の存在価値の意味するところは「仏の教え」を胸に刻みつけるのが主目的で、先祖を祀るためのものではありません。

神霊学的に見た「仏壇・位牌」

「仏壇」とは、各家庭にある「小さなお寺」。
礼拝を捧げる先は「ご本尊」であり、先祖の霊を祀るところではない。位牌はお寺からいただいた仏の証し「改名」を記したもの。

ところが、多くの人たちは、位牌（先祖）を祀っているから仏壇に手を合わせるというのが現状です。

仏壇にも多くの迷信がつきまとっています。仏壇の飾り具合や大きさで、子孫によいことや悪いことが起こるという霊感商法（仏壇商法）が盛んなのです。

信仰心が無いのに仏壇だけは豪華絢爛という家庭もあります。寺院のミニチュアが仏壇なのですから、豪華にすることで荘厳な感じを演出し、仏教徒として信仰の喜びを朝夕にかみ締めるということなら、大いに豪華、高額仏壇は結構な話です。

しかし、豪華にすることが富の象徴として、権威を世間に示すためなら全く無意味な話です。仏はあくまでも「教え」であって、仏教の教えに無知なのに、仏壇だけを豪華にしても何の意味がありません。

仏壇の形や価格によって幸運が舞い込んだり凶事が起こるというのは全くの迷信です。墓相のところでも申し上げましたが、霊は墓石や仏壇や位牌にあるわけではありません。ただ前述したように、仏壇や位牌が在ることで故人を思い返したり、懐かしんだり、供養する気持ちになるということは大切なことで、そのために仏壇や位牌に手を合わせるということはよいことです。

ただ、神霊学的には、仏壇も位牌も「心霊」とは無縁のものであることを知ることは大切です。位牌の形、仏壇の形や規模によって霊魂が救われたり、その家庭に不幸が起きたりするということはありません。

まれに、仏壇の位牌を動かしたり、仏壇が音を立てるなどの幽霊現象で危険を告知したり、霊が何かを訴えたりすることはあります。

その幽霊現象は守護霊の発するものか、低級霊が浄霊を求めて幽霊現象を発しているのかは、個々の例で異なります。力のある霊能者の霊視によって判断してもらうことも大切です。ただし、これは仏壇の中に霊魂が在るということではありません。もし、幽霊現象的な変化が仏壇に起きたとしても、そこに霊が在るからではなく、朝夕手を合わせている家族に、何かを訴えるのに、仏壇は好都合と判断した霊が、仏壇を利用して幽霊現象を起こしたのであって、仏壇に特別に深い意味があるわけではありません。

仏壇を心霊現象的にとらえて、深く考えすぎると仏壇商法、霊感商法のワナにはまってしまいますから要注意です。

神棚の迷信と真実

仏壇の話の次は神棚の話ということになりますが、仏壇と神棚は全く目的の違う祈りの場所なのです。

日本人の多くは神仏混淆《しんぶつこんこう》で信仰しており、仏壇と神棚を家の中に二つ置いている家庭もたくさんあります。

これにはいろいろな理由があります。理論的には、「本地垂迹説《ほんちすいじゃくせつ》」など、難しい理屈もあるのですが、解りやすく説明するならば、仏教と神道は全く性質の異なる宗教だからこそ同時に信仰することができると言えなくもありません。もし、これが仏教とキリスト教では両方信仰するなどありえない話です。

私の前著二冊（神と霊の力・神秘力の真実）でも述べていますが、復習の意味で説明させていただきます。

仏教は釈迦の教えを信仰する宗教であり、神道は八百万《やおよろず》の神々を信仰する宗教ということです。

八百万《やおよろず》というのは、数限り無く多いという意味ですから、神道は非常に多い神々を信仰するということです。

端的に言うなら、仏教は釈迦の教えを信仰する宗教であり、神道は現世の改革を祈る宗教ということになります。ちょっぴり理屈を言わせていただくなら、宗教には「教義」というものが存在します。教祖の教えの集大成です。仏教なら「経典」であり、キリスト教なら「バイブル」であり、イスラム教なら「コーラン」です。ところが、神道には教義がありません。なぜなら、神道には教祖がいないからです。

神道は太陽や月に始まる自然現象、人間を含めた偉大なもの、恐ろしいもの、何でも神として崇め奉り、祈ったのです。例えば雨が降らなければ天の神に雨乞いをしました。海が荒れて航海に出られなかったり、漁に出かけられない日が続くと、海神に波を鎮めてもらうように祈りました。

神道はまさに自然界、人間界のあらゆるものを神に祀りあげて祈ったのです。豊臣秀吉も徳川家康も神様として祀りました。戦死した軍人も靖国神社に神として祀られたのです。仏教の教えの宗教に対して神道は祈りの宗教ということになります。

この宗教としての性質の違いから、一つの家庭に仏壇も神棚も在ることが違和感なく受け容れられたと考えられます。

日神会は大霊界の教えを信仰する宗教ですが、同時に祈って現実を改革するという意味では祈りの宗教の範疇に入るものです。仏教の教えを信仰しつつ日神会の「聖の神」を信仰することは決して間違いではありません。仏教やキリスト教と同様、日神会も人間救済が最終の目的なのです。

以上の説明で、仏壇と神棚が併設されている日本の風習についてはお解りいただけたと思います。

ところで、街の道具店で神棚を購入して飾っても、それ自体に神霊が宿っているわけではないことは説明するまでもありません。神棚は単にご神体の入れものでしかありません。もちろん仏壇も同じでご本尊を安置してはじめて仏壇としての有難味が生まれるのです。神棚もご神体（守札）が奉納されて神棚としての威光が生まれるのです。ご神体が神棚の中に奉納されていなければ単なる箱でしかありません。

神棚も仏壇同様、豪華や質素で神霊の威光に差がつくということはありません。中身のご神体が優れていれば外側はどうでもよいのです。

同じ部屋に仏壇と神棚を一緒に祀ってもよいのかという質問をよく受けるのですが、全く性質の違う祈りですから、別にかまわないというのが私の見解です。

各種占いの神霊学的論評——八卦・人相・手相・占星術・姓名判断・他

占いが迷信か真理かということを論ずる前に、占いの発生した歴史的意味を知っておく必要があります。

占いは人類の歴史に大きな影響を与えてきました。この点を子細に論じようとすれば、本書のような書籍で全五十冊は必要となります。五十冊というのはおよその見当で、あるいは百冊でも論じ切れないかもしれません。それだけ占いは奥深く多岐にわたっており、膨大ということです。

私は神霊学研究の末席を汚しておりますが占いについては専門外です。占いについては、私の知識の範囲で概略を述べることにいたします。

どの民族にも固有の占いがありました。なぜなら、科学や文化の未発達の時代には目に見えない天の意思によってこの世が動かされていると考え、その偉大なる「天」に対して未来予知のお伺いをたてたり、啓示を仰いだりしました。

占いに対して古代は古代なりに理論付けがなされていました。占いについて多く文献が残されているのは中国です。四千年の歴史を持つ中国ならではの占い観を持っています。

それらの文献によれば、「天は星の運行であり、地上は陰陽五行の原理がある」と記されています。

昔は、気象学も科学的ではありませんから、突然の嵐（台風）や、地震は予測はできないとされていました。天変地異は神（天地を支配する絶対者）の怒りと考えていました。天変地異は人間の知恵では如何ともしがたいものだったのです。これは神にお伺いをたてる以外に方法はなかったわけです。要するに神の返事を訊くのが占いだったわけです。

占いの発生の原理は、中国や日本、あるいはヨーロッパでも、さして大きな違いはありません。原始時代の人々は、星や月という天文の不思議な営みによって地上の人間に起こる事件を予測できると考えました。

占いの根本はある種の神秘主義です。占術家は、一定の法則にしたがって筮竹《ぜいちく》やカードや表を用いますが、定められている技術には限界があり、その技術を補うのは占術家の直感や経験や人生観、哲学だったわけです。占う人に、神霊のエネルギー（神秘力）が関わって初めて占いの威力が顕されることになります。

神霊に関わりの無い占いは、単なる占い師の想像の産物にしかすぎません。優れた占い師は、神霊とチャンネルが通じていた人と考えられます。要するに、今で言う霊能者ということです。ただ、神霊は、人間の利己的な願いには応えてくれません。また、来年が豊作であるとか凶作だということは予測したりしません。

《当たるも八卦当たらぬも八卦》という言い伝えがあります。すなわち、占いというのは、当たるも当たらぬも五分五分ということを冷やかして言っているわけです。まったく、そのとおりで、当たらなければはずれるわけですから、五分五分は当然のことです。その警句には、何でも占いに頼りすぎる人間への戒めも含まれているような気がします。

東京で手広く事業を展開している日神会の会員さんがおります。この方は、事業の展開の中で、甲か乙かの選択に悩んだとき、出入りの占い師に占ってもらうのだそうです。

「私は占いを信じているわけではありません。しかし、甲乙どちらかに決断しなければならないのに、自分には迷いがあって決められないことがあります。そのときに、無理して自分の判断で結論を出しますと、もし、結果が思わしくなかったとき、後悔したり、自信を失ったりします。それで占いによって決めてもらうのです。悪く言えば責任を他人に転嫁するわけです。どちらかを自分の意志で選んだ場合、その選択が間違っていた場合に後悔します。それで占い師に決めてもらうというわけです」

日神会の会員である社長は私に語ったことがあります。

私はこの言葉を聞いたとき、占いというのは、このように利用すべきものかもしれないと感じたものです。

人生のあらゆることを占い任せにするのではなく、ある局面で、最後の決断がつかないときに第三者（占い師）に判断してもらうということです。

また、占いというのは、信じる人には強い勇気にもなりますが、逆に行動の拘束力になったりもします。信じられない人にはあまり意味をもちません。

「見えない世界」にはいつの場合も、それを利用してひと儲けしようとする人はいるものです。占いの世界でももちろんあります。
「あなたには、大凶の卦が出ています。悪い因縁を祈祷によって取り除かなければ、子供や孫の身に不吉なことが起こります」
こんな言い方で相手を脅かして金銭を要求するのは、悪徳占い師の常套手段です。真面目に長い歳月を修行に明け暮れて占いの奥義をきわめ、人の役に立ちたいと考えている立派な占い師もたくさんおります。しかしその反面、占いの知識を悪用しようとする悪い人間もいます。

私の前著では、毎回述べているのですが、見えない世界を利用して人を脅迫したりするのは百パーセント迷信です。

もし、相談に訪れた人に、仮に悪い兆候があっても、傷つけないように、不安を与えないように導く人が立派な人であり、いたずらに、相手の恐怖心をそそるようなことを言って、相手に不安を与える人は本物ではありません。まして、不安を与えておいて多額な金銭を要求するなど、迷信屋の仕業(しわざ)です。

以上の基本的な考え方を下敷きにして、各占いのポイントだけを述べておきましょう。

八卦

易経と呼ばれる古代思想が原本で、八種類の占い方を組み合わせているので「八卦」と呼ばれています。陰陽五行の複雑な体系によって占います。陰陽を表す記号(算木)があり、この複雑な組合せでいろいろな予言を行います。

五十本の筮竹《ぜいちく》を操り、算木を組み合わせて占います。長い修行によって身に付ける占いの本格派といえるでしょう。前述のように技術、哲学、易者の人生経験、筮竹に呼び込む神霊エネルギー、すべてが関わりあい共鳴しあって結論を導き出すのです。

人相学

古い時代には骨相学《こつそうがく》とも呼ばれました。歴史的にも古く、始まりは中国の宋の時代と言われていますが、最初は病気の有無を判定するために用いられたと言われています。日本で人相学が盛んになったのは江戸時代に入ってからです。

目は心の窓と言われるように、顔に現れる表情や雰囲気で、その人間性や生活ぶりはある程度判断することができます。殿様は殿様の顔をしていますし、百姓は百姓、商人は商人の顔つきをしています。氏素性《うじすじょう》はある程度顔で判断できます。見るからに善人、見るからに悪党という顔つきもあります。占いを学ばなくてもある程度人間を判断をすることはできます。

しかし、人相学は一応体系づけられ、理論化されています。顔の形、色、ふくらみなどで、細かく分類され、中年運とか晩年運などが告げられます。

ある大手企業の人事部長は、面接の際に顔から受ける印象も採用のポイントになると語っています。確かに、見た目が美しいのは何かにつけて得ですが、二十歳過ぎたら自分の顔の責任は自分で持てとも言われていますから、親を恨んでも仕方がありません。良きことを考え、神霊にアプローチし、祈りを捧げる浄《きよ》らかな生活をしていれば、顔の雰囲気の好感度がアップするのは間違いありません。

手相

だれにもお馴染みのポピュラーな占いです。手相占いは、洋の東西問わず意外にも古いのですが、徐々に東洋で支持され、日本で大流行を見るに至りました。

手相の始まりは一説には「旧約聖書」のヨブ記の中に出てくると言われています。「神は人の手にしるしを刻みたり、すべての人間におのれの使命を知らしめるためなり」（著者意訳）というようなことが書かれています。

しかし、人相同様、手相も生活の影が色濃くにじむものの一つです。貴族の手、学者の手、労働者の手、芸術家の手……、というふうに身分や職業によって、手にもその人の生活がにじみ出ます。手相も生まれつきというよりある程度生

活の片鱗が手に現れます。
手相の生まれた何千年の昔（ヨブ記）の頃は神がその運命を人間の手に記したというところから、古代には、手を見て一人一人の運命を指摘したものと思われます。その後幾千年の歳月を経て、体験と統計的な累計によって手相の基本的な形が出来上がったものと考えられます。生命線、掌紋、頭脳線など独自の呼び方で体系づけ、手相の理論を確立していったのではないでしょうか。
長寿の相、短命の相、不妊の相、若くして天下を取る相、波乱万丈の人生を送る相など、いろいろ体系的に分類され、理論化されていったのでしょう。人間の一生の間に、生活によって手の形や各種の線に変化が起きますから、手相はその時点では不変の占いというわけではありません。凶を吉に変えることはその後の生き方や刻苦勉励によって可能になる

と思います。

占星術

星占いというのは、古代から行われてきた占いの元祖のようなものです。未開の古代人にとって星の運行、星座などは神秘的なものだったことは想像できます。その星にわが運命や、ひいては国家の行く末を重ねて占ったのは当然のことでしょう。

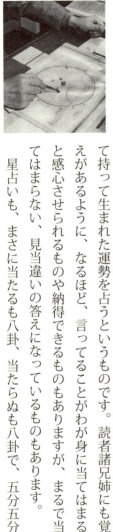

歴史が長い占いですから、複雑多岐に体系づけられていますし原本は膨大です。しかし、基本は単純で、生年月日による星回りの占いということです。すなわち、人間はいかなる星のもとに生まれてきたかというのが星占いの眼目です。

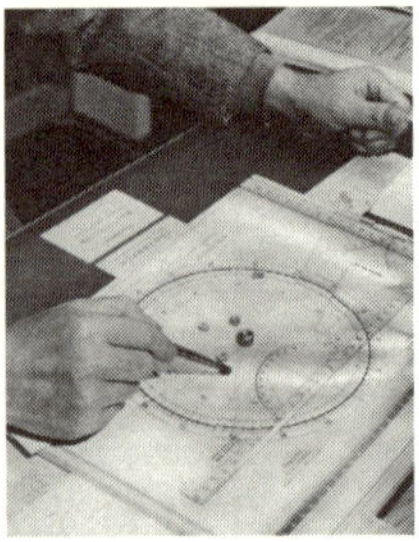

私たちになじみ深い星占いは、生まれ月と星座の占いです。牡羊座、牡牛座、双子座、乙女座、天秤座、蠍《さそり》座、射手座、山羊座、水瓶座、魚座などに当てはまる生まれ月によって持って生まれた運勢を占うというものです。読者諸兄姉にも覚えがあるように、なるほど、言ってることがわが身に当てはまると感心させられるものや納得できるものもありますが、まるで当てはまらない、見当違いの答えになっているものもあります。

星占いも、まさに当たるも八卦、当たらぬも八卦で、五分五分の確率は、占い全般に言えることのような気がします。

ひと頃、星占いのブームが到来しました。特に星占いは女性に好まれ、占い書がベストセラーになったことがありました。

星によって運命を占うというのは何となくロマンチックで、若い女性にムード的に好まれたのでしょう。女性の雑誌には必ず占いのページが設けられていました。星占いはアクセサリー的なムードとして女性の感覚でスムーズに受け入れられたのでしょう。

方位学

人間は移動することで社会生活を営んでいます。その原則は現代でも同じですが、現代の移動は、ほとんどが電車や飛行機、車です。電車や飛行機の軌道に方位学を当てはめることはできません。車にしても高速道路が網の目のように張り巡らされており、あっちに行きたくないとか、こっちに出かけるのは御免被りたいというわけにはいきません。

昔は乗り物は馬や駕籠《かご》程度でしたから、移動は自分の意思や才覚で行うことができました。また移動する方角は凶か吉かということが重要視されました。

生き馬の目を抜く現代ビジネス界では、方角が悪いから、あっちの支店には出張したくないなどと言おうものなら、仕事から置き去りにされてしまいます。

ところが、この現代でも方位学にはまっている経営者もおり、A市の方角は良くないから、支店はB町に置くことにするなどとこだわっている人もいます。

方位学は、十二支を月に置き換えて、寅の月は未《ひつじ》の方角は大凶などというふうに占っていくわけです。

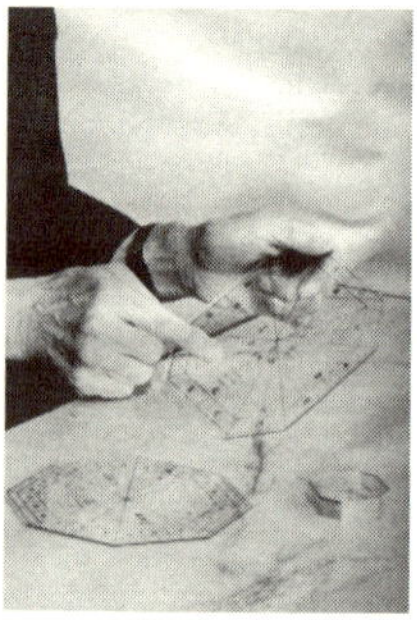

この占いも古くから始まっていろいろなケースを統計的に集約して体系づけられていますが、権威のためか、あるいはより論理を深めるためなのか、易学思想などを加味して完成されています。

方位学の開運法は迷信と結びつく危険をはらんでいます。たとえば、ある地方の砂利を持ってきて庭に敷くと運が訪れるというようなものもあります。ある地方の湧水を持ってきて飲むと開運となるというものもあります。このような開運法は霊感ビジネスに応用される可能性と危険性をはらんでいます。

家相や地相

方位学の占いから分かれて家相占いが編み出されたという説もあります。現代は高層マンションのような集合住宅の全盛時代で、進歩的な建築士は、家相というような古い因習にこだわらない人が増えているようです。

家相、地相の占いの根拠を追求していくと、あいまいなものや占い師の独善的なものもあり、やはり、迷信と結びつきやすい危険性をはらんでいます。

現に地相の占いで凶を告げられた人が、たまたま日神会の会員さんで、思い余って私のところに相談に来たことがあります。

話を訊いてみますと、ある占い師に、購入した土地に家を建てると不吉なことが次々に起こるから手放したほうがよいと言われたそうです。私には家相、地相の知識はありませんでしたが、乞われるままに伺いました。

三十坪足らずの小さな土地でしたが、日当たりもよく、住宅街のはずれで、それだけに閑静で、マイホームを建てるのに最適だと思いました。

私は何度もくり返すように、本物の占い師なら、人を不安に陥れるようなことを言ったりしないという信念を持っていますので、その占い師に疑問を抱きました。その占いは信じるに足らない偽の鑑定だと判断しました。

「何の心配もいりません。一応浄霊だけはしておきましょう」

私は土地を浄霊して帰ってまいりました。

その翌年、会員さんはそこに二階建ての家を建てました。私は、地鎮祭、上棟式の浄霊をさせていただきました。それから二年、会員さんはつつがなく幸せに暮らしています。聞くところによると、その占い師はその土地は自分が欲しくて、安く買い叩こうと思って地相が凶などと言ったということが、後日判明いたしました。

その他の占い

占いはどんなことでも占うことができます。ある商店の主人は、車を運転していて、すれ違う車のナンバーの頭が奇数か偶数か、十台すれ違う間に、奇数偶数のどちらが多いかでその日の運勢を占っていると語っていました。

このようにどんなことを利用しても占うことができるのですから、占いの数はたくさんあります。ポピュラーなタロット占い、トランプ占い、姓名判断、十二支占い、コーヒー占い、クローバー占い、印相占い、水晶占い……、数え上げればきりがないくらいです。占いは暮らしのアクセサリーという程度に考えて、日常の行動に役立てるように応用するのはよいのですが、占いがマイナスになるのは愚かしいかぎりです。

占いを遊びと考えて、生活の彩りとしてやってみようということなら、ゲームのようなものですから、害にはなりませんが、占いのために生活が縛られたり、リズムが狂ったりするようでは有害です。

あなたの理性と思慮で迷信にはくれぐれも心を奪われることのないようにしてください。

神仏の予言と迷信

神仏に未来の予言をお伺いしてみるというのは、日本人の古来からの風習です。これは人間の知恵の限界、人間の無力さを神に補ってもらおうという、いわば謙虚な思いから出ていることとです。

例えば鹿の角を板状に薄く削って、赤く焼いた錐《きり》で突き刺し、その焦げた状態から吉凶を占うという風習があります。同じように亀の甲羅を焼いてその裂け方で占うというものもあります。

多くの人に知られているのは粥《かゆ》占いです。これは、テレビで、季節の風物詩としてしばしば放映されるので、読者諸兄姉もご存じと思います。この粥の神事は、日本各地の複数の神社で行われているようです。古代の神社は小豆粥を奉納することで怨霊を鎮めたなどという記録も残っています。このような故事から小豆の粥の煮え具合で、来年の米は豊作か凶作かなどを占ったものと思われます。

最初は個々の家々で占ったり、各神社でそれぞれ占っていたらしいのですが、結果はばらばらの答えになってしまって、どれが神のお告げか解らなくなってしまいました。そこで、一つの神社に決めて占おうということになったらしいのです。

テレビでお馴染みのものは、大釜で粥を煮て、それに竹の筒を差し込んで筒に入った米粒の数を数えて豊作か不作かを占うというものです。

粥の神事にもいろいろな方法や、複雑な方法もあるようですが、現代のように、農業技術が進歩してきますと、神のお告げはそれほど重要ではなく、神事による占いはほとんど形骸化しています。文化史的な意味で継承されていると考えられます。

その他に、宮島の厳島神社の「御烏喰《おとぐい》神事」は一風変わった占いです。これは神の使いと言われる烏《からす》が、海上に浮かべた団子を食べたか食べないかで占うものです。海上に団子を浮かべ雅楽を奏し、烏をお迎えするという厳《おごそ》かな占いです。

烏が二羽飛んできて団子を食べれば吉、烏が食べなければ凶だというのですが、今の時代そんなことを信じる人は少ないと思います。占いというより、文化史的に優雅で美しい神事として残したいものです。

熱田神宮の「水占」も有名です。前年の一月七日に汲んだ水を甕《かめ》に入れて密封し、翌年、水の減り具合で吉凶を占うものです。年間の水の蒸発量によって気候や雨量や湿度などを算出し、長年の経験で農作物の出来を判断するという、科学的な試みが入っていますが、科学と言ったところで、厳密なものではなく、これも神事としての伝統的な文化遺産とでも言うべきものでしょう。

神道では基本的に占いは敬遠されるべきものと言われています。神の意思を通俗の興味本位で占うなどというのは失礼きわまりないという考えが根底にあるからです。

「御神籤《おみくじ》」も占いの一種には違いありませんが、その的中率はあまり気にしないほうがよいでしょう。私の知人に、初詣で「大凶」の御神籤を引き、大吉が出るまで神社を転々とハシゴをしたという人がおりますが、その振る舞いはいかがなものかと思います。よほど気になったのか、ある日、凶の御神籤を持ってきて「浄霊してください」と言って私のところに訪ねてきたのには驚きました。

私は「浄霊するのはあなた自身で、御神籤ではありませんよ。気になるなら、御神籤は預かってお焚きあげしましょう」と言ったことがありました。

末尾になりましたが、仏教は悟りと解脱の教えを奉ずる宗教ですから、占いは修行の妨げとして嫌われました。神道ですら占いは禁忌なのですから、仏教においては吉凶を占うなどあってはならないことなのです。

それでは寺院や神殿で売られている御神籤《おみくじ》をどのように考えるべきものでしょうか。御神籤の言葉は、神仏から賜った戒めと激励の言葉として受け止めることです。例えば「あせらず待て」と御神籤の一行にあったら、暮らしの中であせりの気持ちが生まれたとき、「そうだ、おみくじにあせるなとあったから、あせらないで待ってみよう」と反省の材料にするということです。

神仏に限らず、占い全般、第三者のアドバイスと考えるべきものです。ゆめゆめ、占いに大金を払ったりしないことです。

金銭をたくさん払えば運命が改善されると考えるのは大間違いです。真面目に神霊の心に耳を傾け祈りの日々を持つということが占い以上に大切なのです。

お焚きあげのすすめ

お焚きあげというのは、本来、不浄のものを神聖な火によって浄めるということです。

このことから転じて、使い古した仏具や神具を焼いて処分したり、古い守札（護符）などを焼いて浄めるのが常識とされています。

御守りというのは、本来、原理的には一度もらったものは、永久的に神霊のエネルギーが封じ込められていると考えられるのですが、時間が経ちすぎたりすると、変色したり、自然に傷んできたりします。このような場合は、新しい御守り札に換えることで気分が一新し、祈りのエネルギーが強まることもあります。そういう意味では一定の時間が経過したら新しい御守りをいただいてくるというのが祈りの効果につながります。理想的には満一年程度で新しい御守りをいただくことがよいと思われます。

新年にいただく破魔矢などは、年の始めの縁起物ですから、毎年新年にいただくのが正しい作法です。その場合昨年の破魔矢はお焚きあげしなければなりません。

新しく御守りをいただいた場合も、古い御守りはお焚きあげをするのが正しい作法です。御守りをいただいた神社仏閣に古い守札を戻しますとお焚きあげをして処分してくれます。たとえ、御守りのエネルギーに変化はなくとも、一年間も飾っていますと、人間の祈りの想念や祈る人の激しい祈念が御守りに刻まれています。お焚きあげしないまま処分してしまうのはよくありません。まず、御守りに付着した多くの人の祈りの想念を浄霊してからお焚きあげするのが一番理にかなった方法です。

御守りだけではなく仏壇、神棚、神具、仏具も新しいものに換えるときは、古いものは浄霊の後、お焚きあげするのがおすすめです。理由は長い歳月祈りの場で多くの人の祈りを受け止めてきたわけですから、仏具、神具にも祈念者の想念が刻まれている場合があるからです。

また、お焚きあげをしてもらうためには、神社仏閣にお参りしなければなりません。信仰心を確かめるためにも、年に一度は最低でもお参りするのが信仰者としての正しいマナーです。そのためにもお焚きあげを一つの機会と考えて祈りの場所に出向くということは大切なことです。

Part.3

先祖供養と水子供養の迷信と真実

真実の供養の意味——神霊学上の供養とは

読者諸兄姉は、供養の意味について、漠然とはご存じのことと思います。わざわざ説明するまでもなく「供養」とは仏教からきた言葉です。常識的には先祖の霊を慰霊することだと考えられています。

彼岸行事とお盆の行事は、仏教の二大イベントですが、供養の考え方は「お盆」行事の中に見ることができるでしょう。

お盆は正式には「盂蘭盆会《うらぼんえ》」と呼ばれています。これは、「仏説盂蘭盆経」という経典がもとになって生まれた行事です。

この経典によりますと、釈迦には十人の高弟がおり、その中に「目連尊者《もくれんそんじゃ》」という弟子がおりました。彼は優れた神通力の持ち主で、数々の奇跡をこの世にもたらしたと伝えられています。

あるとき、亡き両親の供養をするため、神通力で死者の巡る六道を眺めていました。すると、母は餓鬼道に落ちて食事ができず苦しんでいることがわかったのです。目連が届けた飲食も、食べようとして口に持っていくと、一瞬にして炎に変じ、食べることができないのです。思いあまって目連は師である釈迦に相談しました。

お釈迦さまは愛弟子《まなでし》目連の言葉を聞いてうなずきました。

「哀れなことだが、汝の母が現世で犯した罪はあまりにも重く、汝一人の力では母を救うことはできない。しかし、母を救う道は一つある。七月十五日、僧自恣《そうじし》（僧が我が罪を懺悔する）日であり、この日に集まる大勢の僧にたくさんのご馳走を供え、母の罪を許してもらうように回向《えこう》を頼むことだ。大勢の僧侶によって回向してもらう功徳ははかりしれないものがある。その功徳によって母は餓鬼道から救われるに違いない」

この故事からお盆行事が始まったと伝えられています。あの世の霊を回向することが、供養の原点ということです。

お盆の起源は餓鬼道に落ちた目連尊者の母を救うということから始まったので「施餓鬼供養」とも呼ばれていました。記録によりますと、はるか昔の推古天皇の時代に始まり、平安時代の頃にはお盆行事は行われていたといわれています。施餓鬼供養ですから、食べ物をたくさん用意して僧侶をもてなしたのです。お盆にお供えが多いのは施餓鬼供養の名残りと言えます。

このように、供養というのは正しくは、僧によって霊を慰めるということです。このことを追善供養とも言います。自分に代わって功徳力のある僧侶に有難いお経をあげてもらうということが供養の本当の意味です。

その形が転じて、現代では、霊に手を合わせることが供養と考えられています。供養を広い意味に解釈すれば、霊魂の慰霊ですから、死者の霊に手を合わせることが供養と考えても間違いではありません。

霊に手を合わせるのは、俗に死者の成仏を願ってのことです。成仏というのは仏教用語で、霊が安らかに天界に入ったということです。すなわち死者が仏になったという意味で成仏と言っているわけです。

日神会的（神霊学的）には、死して霊魂が永遠の修行に入ることを、成仏ではなく、天界入りを果たしたと言います。死して、低級霊に堕することなく天界入りを果たしたことが仏教で言うところの成仏と同じ意味です。

神霊学的に照らした供養の意味は、亡くなられた方の御魂を「浄霊」するということで

“神霊学的”
供養の意味
一般的には、死者の霊に手を合わせ、成仏を願うことが“供養”といわれるが、神霊学的には、死者の魂を浄霊し、活力を与え、死後の修業が潤滑にいくように手助けをすることが“真の供養”である。

す。力のある霊能者の手によって浄霊することが真の供養ということになります。確かに会員さんの中にも、盆や彼岸の仏教行事のときに浄霊を依頼してくる方がいます。私たちは心をこめて浄霊（供養）させていただきます。

年に何回か、先祖や親しい人の霊（御魂）を浄霊（供養）することで、天界での霊（御魂）の修行が格段に進み、その結果、守護する霊の力が強くなり、自分の運気が向上することがあります。

浄霊というのは、必ずしも低級霊の救済や神霊治療の手段にだけ

用いられるものではありません。自分に関連した霊魂、例えば守護神、守護霊、先祖霊などを浄化して霊に活力を与えるために用いられることも大切なことです。折にふれての浄霊こそが神霊学上の供養なのです。

迷信を悪用するニセ霊能者や祈祷師

難病で長い間苦しんでいる人や、悪運、不運の人生から抜け出せずにいる人は、自分だけが何か、悪い星のもとに生まれてきたのではないかと考えるのも無理からぬことです。そんな人が、思い余って霊能者と自称する人や、祈祷によって運命を改善すると宣伝している通称「拝《おが》み屋さん」と言われている僧侶や神官を訪ねて相談します。

もし、相談した人がニセ者の霊能者であったり、インチキ拝み屋であったりすると、とんでもないことが起こったりします。

「あなたには悪い動物霊が憑《つ》いていますぞ、この悪い霊を除霊しなければ、命の保証はできませんな」

などと相談者を恐怖のどん底におとしいれます。

「これを除霊するとなると、三百万円ほどかかります。しかし、命が助かるとしたら安いものでしょう。それに今までの苦しみから抜け出すことができますよ」

脅かしの後のやさしい誘惑に、ついその気になってしまいます。何十年と苦しんできた病気から逃れられるなら安いものだと考えてしまいます。

確かに低級霊の憑依によって多くの難病が発症しているのは真実です。しかし、動物霊などの除霊に何百万円も必要というのはインチキの証拠です。

除霊に何百万円もかかると言われて、悩みに悩んだ挙句に私のところに救いを求めてきた人がたくさんいらっしゃいます。

その中の何人かは、確かに霊的な障害によって苦しまれている人もいましたが、特別に除霊に多額の金銭が必要というわけではありません。私のところで約二十分の神霊治療によって苦しみから抜け出した人が何百人、何千人とおります。

拝み屋さんというのは、僧侶や神官の行者あがりの人が人生相談などを受けて、神仏に祈願して病気や災いを祓うことを商売にしている人が多いようです。

このような人の中にはまじめに修行に励み、神通力を得て人助けの道に入ったという人もいますが、中には金儲けのカモが来ないかと虎視眈々とねらっている悪徳のニセ行者が存在することも事実です。

彼らの常套手段として、よく用いられるのが「因縁解脱」ということです。仏教の「因縁」という教えを歪んだ解釈で悪用しているのです。

仏教では、すべての事象は「因」によって生じ「縁」が働いて物事が起こるという教えがあります。すなわち「因縁」のことです。

この教えを独自に解釈して、「現在のあなたがかくの如き不幸せの境遇にあるのは、先祖の因縁によるものです。悪い先祖の因縁を解脱しなければ、あなたは幸せになりません。よって、因縁切りの祈祷をしなければなりません。あなたの因縁は深いから、百日祈願によってのみ、因縁解脱が可能です。よって、五百万円を用意してください」というような理屈で金銭を要求するわけです。

仏教の因縁は修行と悟りによって解脱すべきもので、金銭によってあがなうものではありません。何百万円という大金を出さなければ悪い先祖の罪障が消滅しないということは全くのナンセンスです。

ただ、宗教的な思考によると、人間というのは先祖ばかりではなく、あらゆる罪を背負って現在に至っているという考え方があります。すなわち、キリスト教で説く原罪論です。

迷信を悪用する
ニセ霊能者の手口とは…
動物の霊に祟られている。
浄霊に○百万円必要…
水子霊の障りがある。
供養に○百万円必要…
先祖霊の霊障がある。
浄霊に○百万円、御札に
○十万円必要…。
墓の位置、家相が悪い。
お墓の建て替えに○百万円
必要…。

見方によっては仏教の因縁、因果と原罪の考え方は似ていなくもありません。

しかし、これは修行と祈りの中で消滅していくべきもので、他人の手によって消してもらうものではありません。

単なる低級霊の憑依による不運や病気を、ニセの祈祷によって何百万円という大金を出すのはどう考えても愚かなことです。

何度も申し上げるように、神霊は金銭によって苦しむ人や悩める人を救済したりはしません。あくまでも、真摯で敬虔な祈りの心に反応するのです。

霊感商法としての水子供養

かつて日本全土に広がった水子霊の供養ブームについて、前著「神秘力の真実」のＰａｒｔ６の中で所感を述べさせていただきました。『霊のとっておきおもしろ雑話――動物霊から水子霊まで試論と私論』の中で、「水子霊についての私論」というタイトルで述べています。本書でも、迷信と無知のため、霊感商法で繰り広げられる間違った水子供養の実体について述べることにします。

初代隈本確（聖の神霊位）も生前、水子供養の異常な流行に批判的でありました。そのことについて常々私に語っていたことがあります。

「実際のところ、神霊学的には水子霊の霊障はきわめて微弱であり、人に病気や不幸を与えるほどのものではないのだが、これをはっきりと打ち出すと、それなら安心とばかりに乱れた生活をする愚かな人たちがいるのでね……、うっかりと水子霊の障りなしと打ち出せないのだよ。それに供養自体は悪いことではないからね。そのところが、悩みの種なんだ……」

この話は何度か聞かされたものです。

当時、新聞や雑誌に、連日といってよいほどに水子供養の広告が出ていました。まるで氾濫しているような広告の洪水です。水子の供養を一体一万円、あるいは二万円で行いますというような広告です。それは、供養というより、商品のダンピングセールの如きありさまでした。

ひと頃のような水子供養のブームは去ったとはいえ、確かに、私のところにもいまだに水子霊のことで悩んで浄霊に来られる人がおります。

実際にお目にかかってお話をお聞きしても、どこそこのお坊さんに「あなたの病気は水子霊の障りです」と言われたとか、街の祈祷師に「子供が引きこもりになったのは水子の霊障」と言われたなどという話をよく聞かされます。

いろいろな話を訊いてみますと、病気、家庭の不和、事業不振、夫の浮気まで、あらゆることが水子の霊障ということで悩んでいる人が多いのです。

今さら説明するまでもなく、水子というのは、この世に生を受けることなく、母の胎内から流れてしまった胎児のことです。

不幸な状況で流産してしまった胎児もありますが、生まれることを歓迎しない、心ない親のために堕胎されてしまった水子が多数おりました。前著でも述べたとおり、日本は堕胎に対してゆるい規制しかなく、堕胎天国日本などと呼ばれていました。その結果、何十万体という水子が闇から闇に流れてしまったのです。

堕胎した女性の中にはそのことに罪の意識を感じていた人も相当数いたわけです。それが霊感商法のつけいるところとなり、水子供養の広告の氾濫するところとなりました。

霊感商法が勢いづく前までは、水子供養のお寺は日本全国に数えるほどしかありませんでした。ところがブームの後は、約一万を数えるほどに急増しているのです。

中には一体何百円かで大量生産されるプラスチックのお地蔵さんを山の斜面に並べただけで、それが水子供養というのだから、慈悲の仏である地蔵菩薩に対して、何たる無礼きわまりない仕打ちであろうかと、私は大いに怒りを覚えた次第です。それは、人間の弱みや罪意識につけ込んだあざとい霊感商法以外の何物でもありません。

供養というものは野菜やパンを売るように、一本いくら、一切れいくらというように金銭で売り買いするようなものとは違います。祈りというものは金銭に換算できるものではありません。

供養とは前述したように死者を追慕する心であり、死者よ安らかに眠れと心をこめて祈ることです。

自分の犯した罪を悔いることは当然ですが、ただ悔いるだけでは供養になりません。祈り、霊が天界で永遠の修行ができるように浄霊してやることです。

神霊学的見地から見た水子霊の真実

私は神霊能力者として日神会初代（聖の神霊位・隈本確）の薫陶《くんとう》を受け、修行に励むかたわら、多数の人々の神霊治療を行ってきました。

神霊治療の基本は、憑依した霊を浄化し、浄化することで霊を救済し、浄霊するということです。その結果として憑依霊によってもたらされていた病的疾患を取り除き、また低級霊の関わりによって生じた歪みや異常を正すということです。

私はこれまでに、約十万人以上の神霊治療にたずさわり、相当な高確率で来会者方の病状を消去し、生活に健全な姿を取り戻してまいりました。

神霊治療のプロセスにおいて、憑依霊とのコンタクトや、まれに霊界通信などで霊の持っている意思のようなものを訊き出すことがあります。そのような、神霊治療の経験から断言できることは、私の今日までの神霊治療の実体験において、水子霊による憑依現象に一度も遭遇したことがないということです。

水子霊の浄霊を依頼されたことはありますが、水子霊の霊障によって病気の苦しみや、運命が変転、生活が悪化したという例には一度も出会っていません。水子霊の浄霊を私が引き受けるのは、依頼者の罪の意識を軽減し、水子霊が安らかに天界入りができるように道筋をつけて差し上げるためです。

水子にも当然ながら霊魂があります。植物にも、犬や猫などのペットにも霊魂（ある種の霊的エネルギー体）があります。生命体に霊的エネルギーが宿るのは当然のことですが、霊的エネルギーとしては非常に弱々しく、魂の救いを求めて人間に憑依し、心身に影響を与えたり、暮らしに影響を与えるほどに強いものではありません。ちなみに初代（聖の神霊位）は、ほとんどが二十歳以上の人霊と語っています。

水子霊のエネルギーは微弱で、人間に憑霊現象を与えるほど、強くはありません。水子霊によって病気が発症したり、子供が非行に走ったり、引きこもりになったりすることはありません。水子霊の不安にとらわれた人が、日神会の聖地を訪ねてくることがあります。そんなとき、霊視や霊査を行いますと、全く別な霊の障りということがあります。

私は水子の浄霊を依頼された場合、何事も言わず浄霊に応じます。水子以外の霊障のことも申し上げません。少なくとも、水子の供養をしたいという思いで浄霊を依頼してくるということは、その方は水子に対して罪意識やこの世に生を受けなかった胎児に哀れみの心を抱いているに違いないからです。この心が大切なのです。私の浄霊を受けることで、重い悲しみが幾分か晴れたに違いありません。この気持ちこそが供養の心なのです。私は黙ってその人の行く末に神の光あれとの想いを抱いて浄霊をいたします。

初代は水子に祟りなしということを断言することに心を傷めていました。なぜなら、中には水子に祟りがないなら安心とばかりに、乱れた生活を送り、何体もの水子霊を平気で作り出す愚かな人間がいるからです。

水子の霊障無害論を述べたりしますと、また中には、罪をあがなうために浄霊し、この世に生を受けなかった哀れな霊に許しを乞うという真の供養を放棄してしまう人間もいるかもしれません。

しかし私は、霊障は肉体の不調や病気だけではなく、心が深く傷つくことも障りのひとつと考えています。私はそう考えているので、水子の浄霊を引き受けるのですが、実際のところ、神霊学的には水子霊の祟りは無いと考えてよいと思います。しかし、その事実をよいことにして、乱れた愛欲の果てに水子霊を何体も作り出すことは、人間の道にはずれているのは当然です。

また宗教者が、人間の持つ罪意識を供養心に導くことなく、供養という美名のもとに、いたずらに金銭に換算するような行為は言語道断の霊感商法と言ってよいと思います。

先祖霊がなぜ霊障を与えるのか

守護霊は、守護する人の関係する故人の霊というのがほぼ一致した定説です。その中でも、半数以上が両親や祖父、あるいは先祖の霊ということになっています。

神霊学研究家の中には、先祖の中でも死後七百年以上経って、霊界での修行が軌道に乗っている霊魂が大霊界の指令によって子孫の一人に守護霊として降下してくると語っている人もおります。

確かに、守護霊の資格と言いますか、条件としては、霊界での修行が完成の域に達している先祖霊や関係霊ということが多いのですが、私の最近の研究によれば、現界において、人助けや信心深かった人などのなかには、死して数日も経ずして、愛児や兄弟姉妹の守護霊として守護してくる場合もあることが判りました。

身近な例ですが、日神会初代の隈本確は、天界入り後、数分の後には「我、聖の神となりて門下、信徒一同を守護したてまつる」という通信を送ってきました。初代の例と一般例は多少違いますが、一般の場合でも、あまり時間を置かずに守護霊となって守護する場合があります。

私が確かめた例では、一番多いのは母親が子供の守護霊になった例でした。次いで父親が子供の守護霊になった例です。数は少ないのですが、妻が夫の守護霊になった例もあります。また同様に少数の例で、姉が弟や妹の守護霊となった例もありました。

前著、「神と霊の力」でも述べたのですが、守護霊と役目が違うのですが、才能の分野で守護霊的役目を果たす「指導霊」と呼ばれる霊もあります。

指導霊というのは、例えば学者に学者の霊が寄り添い、研究を助けたりします。行きづまっていた研究が恩師の霊が指導霊となったためにスムーズに進み、ついに偉大な研究が完成したというような例です。指導霊は、学者の世界だけではありません。スポーツの世界、芸能の世界、文芸、絵画の世界にもあります。

偉大な歌舞伎役者が指導霊となって、子孫の役者、名跡を継いだ役者などに力となり、偉大な役者として成長するということもあります。

演歌の新人に亡き演歌歌手の大御所が指導霊として力を貸せば、偉大な歌手として売り出すのは間違いありません。

プロ野球選手の場合なら、偉大な記録を保持している大選手が指導霊になってくれれば鬼に金棒ということになりそうです。

指導霊は有名人だけの現象ということはありません。裁縫の上手だった祖母が指導霊となって孫娘の技術に手を貸したり、大工の腕に優れていた亡き棟梁の霊が弟子の大工の指導霊になることもあります。あるいは若手教師にすぐれた先輩教師の指導霊が寄り添うこともあります。要するに指導霊は、あらゆるジャンルに現れる現象で、守護霊的な役目を果たす霊魂です。

話は少し横道にそれていますが、指導霊と同様、守護霊は必ずしも、何百年も経過した先祖霊ということではありません。亡くなって数日で守護霊になることもあれば、数十日、数十年ということもあります。

また、守護霊は、先祖や肉親の霊という場合が多いのですが、恩師、先輩、上司というような関係の深い他人の場合もあります。まれにですが、本人に全く関係のない霊が守護霊となって助力してくることもあります。理由の確たることは判りませんが、その人間が現界、あるいは大霊界に意味のある存在のため、大霊界の法則で、指令を受けた霊格の高い霊が守護霊として寄り添ってくるものと思われます。現界、大霊界にとって意味のある人間とは、人類に貢献するような研究や事業を続けている人、人助けに貢献する医師や看護婦、偉大な政治家、宗教家などに見られます。

話は少し変わりますが、多くの人から「先祖霊なら、子孫を慈《いつく》しまなければならないのに、何で子孫に憑依して霊障をあたえるのですか？」という質問を受けるのです。このような疑問を抱くのは、霊界の法則を人間界の法則に当てはめて考えているからです。生存している人間の思いを心霊現象に重ねて判断することはできません。

私たち霊能者は、難病に苦しみつつ、医薬の治療に限界を感じて相談に訪れる人に、日々お目にかかっております。その人たちを霊視しますと、その人を苦しめている病気の原因は、心の底から可愛がってくれた肉親の霊が憑依した現象ということがしばしばあります。この事実を知りますと、多くの人が割り切れない気持ちになるのは当然です。

「私が苦しんでいる病気の原因はお祖母さんの霊が憑いているからですか？」と、ほとんどの人が驚きの声を発します。

その人の内心の思いとしては、「死んだお祖母さんの霊魂なら、自分を守ってくれる守護霊が当然のはずなのに、その逆に、自分を苦しめる憑依霊だなんて……、ああ、とても信じられない……」と首をかしげたくなるのです。

「存命していたときに心から愛してくれた肉親なら、守護霊として守ってくれて当然なのに、何で自分を苦しめる憑依霊なんかになるのだ？」

大方の人の疑問です。しかし、霊の心情は、人間界にあって生活していたときとまるで違うものになっているのです。

死して霊界入りを果たした霊魂は、人間界と関わりたいとは考えていません。現界に残してきた子孫がつつがなく暮らしていてさえくれれば、霊は現界との思いを断ち切ってさらに高い位に上り詰めるための修行に専念したいのです。

問題は何らかの形で霊界入りを果たせないために低級霊になった場合です。立派に正直に、人間としてだれにでも、やさしく生きていた人だから、低級霊になったりはしないだろうと考えることはできないのです。人間界において立派に生きているように見えたのに、大霊界の法則にはずれていたということも皆無ではありません。何らかの事情で低級霊の世界をさまようことになったということも考えられるのです。

低級霊のほとんどすべての霊は救済してもらいたいのです。救済とは、力のある霊能者に浄化してもらって霊界に修行の場所を確保してもらいたいのです。

救済を求める方法はさまざまです。

ある種の心霊現象を起こすことで自分の存在を知らせようという場合もあります。頻繁に転ぶように仕向けたり、体のある部分にかゆみを起こしたりすることもあります。しかし、その程度の霊のアプローチでは反応しない人がほとんどです。次に、時折偏頭痛を与えたり、突然腰痛を起こしたりします。

痛み止めの服用や対症療法で苦しみを取り除くこともできます。それで、霊のアプローチとは考えずに過ごしているうちに、霊の訴えは激しくなっていきます。すなわち、病状が悪化したり、大きな事故を起こしたりという過激なアプローチに進んでいくのです。

さすがにこの辺になりますと、本人も少し異常であることを感じはじめて私たちの門を叩いてみようと考えるようになるのです。

神霊治療というのは、ある意味で霊魂救済のわざといえるのです。ほとんどの霊は神霊治療の浄霊の業《わざ》で浄化され救済されて霊界に入り向上していくのです。憑依が子孫に対してなされることが多いのですが、全く無関係の霊に憑依されることも少なくないのです。現界の感覚でいうなら迷惑しごくのはなしなのですが、これまた、人間社会の感覚でとらえてはならないのです。愛する先祖が子孫に憑依するのも、無関係の霊に霊障の苦しみを与えられるのも、これ全て大霊界の仕組みの一つですから仕方がありません。

霊媒体質というのは、人間界を生き抜く上では困った体質なのですが、霊魂を救済するために自分の心身を開放しているのだと考えればそれなりの意味がありますし救われたいと願い、悲痛な思いで人間に憑依する霊の心情も、哀れと言えば哀れな存在ということです。

憑依現象と祟《たた》り現象の違い――迷信の世界

神霊治療を求めて訪れる人の中には、心優しい人が多くいらっしゃいます。周囲の方たちから、愛され、尊敬されている人にもかかわらず、長い間、低級霊の憑依で苦しい闘病生活を続けている人もいるのです。

病院や医院を転々として、さまざまな治療を受けても病状は一向に好転しません。それはそのはずで、医学的病気ではなく、霊的に発症している病気なのですから、医学的治療では完治しないのです。

確かに医学的治療で症状は一時的に改善します。これも当然のことです。霊的原因で発症しても、症状は医学的病気と何ら変わるものではありません。薬はそれなりに効果があります。霊的病気でも、医薬によって病状が改善されることがあります。しかし、しばらくすると再び発症します。同じ箇所に発病することが多いのですが、全く別の病気として別な部位に発症することもあります。病気の原因は、低級霊の憑依によるものですから、医学的治療は成功しても、根本的に治ったということにはなりません。

低級霊の憑依による病気は祟りではありません。祟りとは常識論としては、神仏や霊から受ける罰や懲らしめの現象です。神を冒涜するような言辞を弄しているうちに、足を滑らせて崖下に転落したとすれば、あるいは祟り現象かもしれません。神を冒涜するような人間に対して神が懲らしめを与えたということです。

前述した水子霊をつくった罪意識に悩む人が、「病気になったのは水子の祟り」であるとか「息子が非行に走ったのは水子霊の祟り」などと、心ない霊能者や宗教家に脅かされて多額の供養料を巻き上げられたのは明らかに迷信悪用の仕打ちです。

これも前述したように水子には霊障を与えるほどのエネルギーがないからです。もし、水子霊に霊的エネルギーが強く、憑依現象によって水子を作った母親を苦しめることがあれば、これは場合によったら祟り現象と呼んでもよいかもしれませんが、神霊学的にはそんなことはないのです。低級霊が救済を求めて、人間に憑依するのは神霊学的法則であり、祟り現象とは全く違います。

殺人事件などで被害者の霊が加害者に祟るというようなことは、通俗的な霊の復讐ばなしでしかありません。被害者が遺体の場所を捜査陣に暗示して犯人が捕まったりすることがありますが、これは懲らしめというより、霊魂が異常な死に方をしたために、天界入りができずにいて、まだ肉体に執着を持っていたために、幽霊現象で捜査陣に結果的に隠された死体のあり場所を教えたのかもしれません。

神霊（神仏）のエネルギーにしろ、心霊のエネルギーにしろ、祟るというような働き方はしないものです。

墓の位置、家相の形、死者の霊によって関係者が祟られるということはほとんど無いと言ってもよいのです。それでも、どうしてもそのことが気になるなら、それを改善しようとする気持ちに対して、私はことさら否定はいたしません。

墓の位置を変え、家相にかなった家に変え、変事や凶事を避けようとする気持ちは悪いことではありません。しかし墓や家相に言いがかりをつけるのが鑑定家の騙しだとしたら、みすみすその脅しによって何百万円という大金をむしり取られるのは避けるのが賢明な生き方と言えるでしょう。

前述しましたように、難病が治らないのは墓相が悪いからと言われて、墓の建て替えに二百万円が必要といわれた人がいました。迷った末に私に相談に来た方がいらっしゃいます。私は出向いて墓をつぶさに鑑定しましたが、神霊学的には何ら問題はありませんでした。そのことをずばり申しあげました。

そして、私は請われるままにお墓とその方の浄霊をして差し上げました。その方は二百万円という大金を無駄に出費することなく今でも幸せに暮らしています。その方の病気が長引いていたのは墓のせいではなく、低級霊の憑依によるものでした。神霊治療によって浄霊、除霊した後、毎日を健康で健やかに暮らしています。

墓を鑑定したという人について調べましたところ、隣町の墓石屋と結託し、客を一人紹介するごとに二割の割戻しをもらっていたそうです。二百万円の墓を建て替える人を紹介するたびに四十万円の紹介料が入るのですから、何とかケチをつけて新しく墓を建て替えさせようとするのも無理からぬ話です。しかし、全く別な理由で鑑定を依頼に行き、全てを墓のせいにされて高額の金銭を搾り取られるのは許せない話です。

祟りというのは、罪を犯した人が、良心の呵責に苦しむことだと私は思います。水子供養、先祖供養をおろそかにしたから水子や先祖に祟られるということはありません。神仏をないがしろにしたから、神仏の祟りを受けるということはありません。

水子をつくった故《ゆえ》の罪の重さに苦しむことが祟りそのものなのです。神霊学的に言って水子の祟りはありません。しかし、それなら安心だとばかりに、ふしだらな男女関係を持ってもよいと考えるところに祟りの種が隠されているのです。

まともな人間なら、いつか己の犯した罪を悔いるときがきます。それが祟りと考えることができます。病気や怪我という祟りがなくても、時折心に浮かぶ悔いと慚愧《ざんき》の念、それこそが祟りなのです。人間が清らかに生きることこそが、死して大霊界において心おきない修行の中に身を置くことができるのです。

現界で自分の犯した罪はだれにも見られていないし、祟りも受けていないから安心だと考えるのは浅はかな考え方です。大霊界におわす神霊や心霊は全てお見通しなのです。この世で偽りの人生を送っていたが、だれに知られることもなく、神仏の祟りを受けることもなく一生を生き延びられた……それを「しめしめ」とほくそ笑んでいたとしたら大霊界を甘く見ていることになるのです。

初代隈本確は、死して天界にすんなり入れるのは三割とさえ語っています。故に初代は「天界上げ」の秘儀を生み出したのです。私、第二代は初代ほど厳しい見方をしていませんが、神霊学的には少なくとも半数近くの方が低級霊に落ちると考えています。それは、現界での生きざまが大霊界の法則に反しているからです。

神仏や霊の祟りが無いことをよいことに、神仏の心に反した生き方をしていると、一番大切な現界終わりの日に、低級霊に落ちて行くことになるのです。

動物霊の霊障は根強い迷信

古来より日本では動物と人間の関わりについて、文芸や民俗学で論じられています。人間に助けられた動物が恩返しをする話は、おとぎ話や地方の伝説で語り継がれています。浦島太郎と亀、因幡《いなば》の白兎、鶴の恩返しなど、戯曲や童話になって語り継がれています。狐と狸は人を騙す動物として語り継がれています。しかし、狐と狸が人間に恩返しをする話は各地に伝説としてたくさん残されています。

第一、土地の守護神として信仰されている稲荷神社は狐が主役という神社もあります。狐は土地を守る動物として信仰されているのです。

江戸川柳に「屋敷替え白い狐の言い送り」というのがあります。白い狐が土地の守り神であるゆえに、越して来た人に、稲荷神社の存在や行事のしきたりを伝えるのがならわしでした。川柳はそのことを詠っているのです。

ある土地の稲荷神社が祀られるようになった由来などを調べてみますと、狐が関わっていることを記した古文書が見つかったりします。

ある人が急に狂暴になって、いろいろなことをわめいたり叫んだりするので、祈祷してみますと「われ、この地に住みし狐なるが、だれ一人、自分の存在に気づいてくれる者がいない。われをこの地の一角に祀ってくれるなら、以後、町内に火災など起こらないように守護してつかわす」とのお告げがあり、以後、稲荷神社が建立されたというのです。

動物や樹木に精霊が宿っているという話は世界各国に共通しています。自然霊の存在についで人間は心のどこかで認めようとしているわけで、自然霊に対して敬おうという気持ちを持っています。

もちろん動物にしろ植物にしろ、生命体には霊的エネルギーがあるのは当然のことです。しかし、神霊学的にそのエネルギーによって人間が悪影響を受けるかという点については、長年の神霊学研究によっても否《いな》ということになります。

いまや花粉症は国民病のように多くの人に苦痛を与えていますが、もちろん植物の霊による悪影響ではありません。

余談になりますが、霊障ではないはずの花粉症が、神霊治療によって改善したというケースが半数以上みられます。花粉症の季節になりますと、多くの人が神霊治療を受けに日神会の聖地にまいります。

神霊治療の理論は、低級霊の憑依によって発病する病気に対して、憑依霊を浄霊によって救済し、霊界に確かな場所を確保してやることで、病的症状が消滅するということです。これが、原則的な神霊治療理論です。

それなのに霊障ではない花粉症が神霊治療によって症状が軽減したり解消したりするのですから不思議です。

考えられる理由は幾つかあります。

霊的病気（障り）の中には、目のかゆみや鼻詰まりという症状もあります。普段は、日常生活にそれほど不自由はないので放置していたのが、花粉症の季節に症状が倍増し、つらくなって、たまたま日神会で神霊治療を受けたところ、霊障が解除され、花粉症の症状が軽くなったということが考えられます。

また、神霊治療は霊的な病気の解除だけに有効なのではなく、定期的に浄霊を受けることで、免疫力がアップしたり、気力が充実したりします。体力気力の充実によって、花粉症の症状が軽くなったり、消えてしまったりするということは考えられます。

また、日神会の守護神「聖の神」は、祈りのエネルギーに反応して、霊障のみならず、あらゆるこの世の歪み、不調和を正してくれます。浄霊のエネルギーに応えて花粉症の症状を消去してくれたということも考えられます。

自然霊の話から、花粉症の話にそれましたが、日本は古来より、自然には人知で測りしれない霊力が宿ると考えていました。

大木の精霊と結婚した話、狸や狐と結婚した伝説などがたくさん残されています。このような自然崇拝の心情から、逆に狐や狸、蛇などの霊によって祟られるという考え方も根強く残っています。

神霊学的には動物霊は霊障は与えません。一歩引いて冷静に考えてください。昔より人類は動物を殺戮し、人間の食料としてきました。確かに日本では明治維新まで、四つ足の動物を食べるのは人間として慎むべきだと考えていました。しかし、文明開化とともに、西洋の肉食が日本でも流行し、牛鍋が大流行しました。

猪、熊、鹿、牛、馬、兎、狸、鳥肉、鯨、鰻、魚類、すっぽん……と、今では食べない動物はほとんどありません。蛇の肉だって食べます。もし、人霊と同じように、霊的エネルギーが強く、動物が天界に上昇し修行しようとする生命体であれば、人間に数々の霊障をもたらしているはずです。

しかし、牛や馬に祟られたという話を聞いたことがありません。鯨の霊障という話にいまだかつてお目にかかったことはありません。ところが狐や狸、蛇などに崇られたという人はこの現代にもまだ存在しているのです。

一年の間に数回は動物霊に崇られているという人が聖地を訪れます。会う前から迷信に踊らされているということは判ります。

ある相談者は偏頭痛に十年も苦しんできたと言います。いろいろな病院を転々として、結局、改善されずに、最後の依り所として、地元の自称霊能者（拝み屋）の門を叩いたのです。この偽霊能者は待ってましたとばかりに言いました。

「これは××山の狸の霊が憑いている。この霊を追い出さないとあなたの命が危ない」

地元の名山に住む狸の霊が憑いてるための偏頭痛ということで、除霊の名目で何度も何度も数十万円、ときには何百万円という高額な料金を請求されました。

しかし、一向に症状は治まりません。さすがに数回の高額な金銭の請求に不審を抱いた相談者は、私どもの長崎聖地に駆け込んできたのです。

最初のときたまたま私がお目にかかったのですが、最初から狸の霊という話は信じていませんでした。やはり、相当に重い因縁を引きずった低級霊の憑依による霊障でした。私のところに訪ねてきたときも、ちょうど頭痛の発作の起きているときでしたが、私の十分程度の神霊治療で、みるみるうちに痛みが軽減していきました。

一度の神霊治療が成功したのです。二十年間の苦しみが一瞬のうちに解消したのです。あまりにも不思議な現象で、本人も半信半疑のようでした。もっともなことです。まるで催眠術にかかったような気持ちだったと思います。しかし、それから三カ月、一度も頭痛の発作が起きないので、神霊治療が成功したことを確信いたしました。うれし泣きの涙をこぼしつつ、したためられた長い手紙をいただきました。

それにつけても、狸の霊が憑いているなどと、子供騙しの鑑定をして、数度にわたって多額の治療費を騙し取ろうとした行為には怒りを覚えました。

このケースは明らかに騙しの手口ですが、中には鑑定者本人が大まじめに狐の霊や狸の霊が憑いていると信じている人もいるのですから困ったものです。

信じるのは当人の自由ですが、動物霊の除霊ということで、お経を唱えつつ、経典で祈願者を激しく叩いた自称霊能者がいたのには驚きました。憑依している動物霊を経典で叩き出そうということらしいのです。

「えいっ!　これでも離れぬか!」

バンバンと何度も祈願者を打ち据えるのです。

「えいっ！　えいっ！　これでも離れぬか！」と行者はさらに見栄をきります。離れるも何も、動物霊は存在しないのですから、見ていて滑稽なだけです。やることが、まるで芝居のようで身振り手振りも見え透いています。

経典で叩かれるのならまだ、怪我をすることも命に別状があるわけではありませんから叩かれる人もまだ安全なのですが、中には木刀で力一杯叩くという行者もいます。そのために祈願者が命を失った例もあります。こうなりますと、滑稽だと笑って見過ごすわけにはいきません。どうかくれぐれも迷信に惑わされることのないようにしてください。もし、動物霊の憑依というような鑑定を受けましたら、ぜひ日神会の聖地に正しい鑑定を受けるためにいらしてください。

動物霊の憑依というのは明らかに迷信なのに、そのために、金銭ばかりか命を失うということがあったのでは悲劇そのものです。

Part.4

神霊治療の迷信と真実

真の霊能者とニセ霊能者の見分け方

前著「神と霊の力」「神秘力の真実」の二冊でも述べていますが、「神霊能力者」は神の使徒です。神霊能力者は、大霊界の法則によってこの人間界に遣わされた救世の使徒ということです。

人間界は野望や欲望、悲嘆や苦悩の渦巻く迷妄の世界です。多くの善男善女が現世に吹きすさぶ無情の嵐の中で苦しみおののいています。

神は、この不条理の世を正すために、救世の使徒として神霊能力者をこの世に遣わしたのです。神霊能力者は「救世という神の意思」を使命として背負ってこの世に送り込まれた人たちです。

真の神霊能力者であるか否かについての判定の基準は、根底に「救済の使命を持っているかいないか」この一点の違いということになります。すなわち、人助けの使命を帯びているか、それとも単に霊能者を気取っているかどうかということです。

神の意思を使命として帯びている人は、決して傲慢であったり人を見下すような態度をとったりはしません。霊能者を自称する人の中には時に尊大であったり、はったりを言って相手を驚かせたり、煙に巻いたりする人がいますが、それは自らをニセ者であることを吹聴しているようなものです。

真の霊能力者は口で偉そうなことを言ったり、威張った態度をとったりしません。実力は言葉で説明するのではなく、現実を改善して見せることで証明します。

例えば神霊治療を例にとるなら、ニセ霊能者は「こんな病気はあっという間に治してみせます」と胸を張ります。しかし、実際に病気が治るということはありません。力がないのに、いかにもありそうに振る舞っているだけのことですから、病気が治らないのは当然です。

真の霊能者は何も言わずに真の神霊治療能力で病気を改善します。言葉ではなく結果でその真実を示します。百の言葉による自己宣伝は力のない霊能者の証拠です。真の実力を持つ霊能者は言葉ではなく結果でその力を示します。

神は金品を欲しがりません。この病気を治したらいくらいくらの代価を欲しいなどとは申しません。それに対してニセ霊能者は、すぐにお金を要求します。

「この病気を治すのに一回三十万円の浄霊を三回受けてもらいます」

「この屋敷を浄霊するのに百万円のお金と五十万円の御札が何体か必要です」

「この墓を立て替えるのに二百万円が必要です」

そんなことを口に出す人はまずニセ霊能者と考えてよいでしょう。

霊能者は神の使徒であっても、神そのものではありませんから、鑑定や浄霊、神霊治療に一定のご報謝をいただかなければ生活ができません。金品を一切受け取らないというわけにはいきませんが、定められている金額以上のものを要求したりしません。

本者かニセ者の判断はこの金銭を要求する態度でも測ることができます。

人柄、実力、金銭への態度をつぶさに検討すれば自ずから霊能者の真偽は明らかになります。くれぐれもご注意のほどをお願いいたします。

拝み屋さんの実態と真実

拝み屋さんというのはもちろん俗称であり、正しくは祈祷師のことです。一般的には祈

真の神霊能力者と、偽霊能力者
その見分け方
有言
実行
“救世”の
神の意志を
持っている
人の心
を癒す
病気を
癒す
真の神霊能力者
大言
壮語
目的はすべて
“欲望”
尊大
多額の金銭
の要求
偽の霊能力者

祷所を持ち、何か困難に出会った人の相談に乗り、祈祷によって困難を解決するというわけです。神仏に祈願をして解決するところから拝み屋さんと呼ばれているわけです。

まだ大霊界の仕組みがまったく解き明かされていなかった時代には、神霊治療という考え方はなく、悪い霊魂や狐狸の仕業によって病気になった人は、祈祷師によって神仏に祈ってもらい悪霊や邪霊を退散させて病気を治すと考えていました。

このような祈祷師の中には、看板を掲げて市民の悩みに応えていた人はたくさんいました。この祈祷師は、厳密には神官や巫女、僧侶（山伏）の身分で、その中には神霊能力者もいたと思われます。方法は、神仏に祈って悪霊を退散させたわけです。要するに拝んで困難を解決したので「拝み屋さん」と呼ばれたわけです。

拝み屋さんの中には、実際に苛酷な修行を経て、神通力を得た超能力者もいたと考えられます。このような特技を用いて市民の悩みを聞き、それに応えて神通力で悩みの原因を探り当て、解決に導いたということもあったと思われます。

余談ですが、山伏というのは苛酷な修行によって、仏の加護力を身に付けようと、山野を駆け巡り、滝に打たれたり、断食したり、不眠不休の修行に明け暮れたのです。このような、超人的な修行によって超能力を身に付けた人もいました。修行の体験者ということで「行者」とも呼ばれています。

難病平癒を仏に祈って成就したり、行方不明の人をさがし当てたり、予知予言に類いまれな能力を発揮した人もいました。そのような実績もあったわけですから、全ての「拝み屋さん」がいかがわしいと決めつけることはできません。

本当に庶民のために自分の超能力を発揮し、多くの人助けの実績を残した真実の祈祷師も存在したのは事実です。

ところが「見えない世界」のことですから、このような存在をすぐに金儲けに結びつけた怪しげな祈祷師が多数いたのも事実です。

要するに何の力もないのに、あたかも偉大な宗教者であるが如くに振る舞って相談に訪れる人たちから、多額の金銭をせしめたという例が実際には跡を絶たないのです。

拝み屋さんに多額の金銭を絞り取られたという人が私のもとに相談にこられた例が何十例となくあります。

「新聞の折り込みで、人生相談に応ずというチラシが目につき、ほんの好奇心から相談に出かけました。それが失敗のはじめでした」

語るのは五十二歳の主婦、S子さんです。

その祈祷師は町のビジネスホテルに数日間滞在して、チラシを見て訪ねてくる人を待ち受けていたのです。あたかも、餌を待ち受ける野獣のように爪を研いで待っていたのです。その野獣の前にS子さんはむざむざと現れたのです。

S子さんのご主人は当時、会社の同僚である独身のOLと浮気をしているのではないかと彼女は疑心暗鬼を抱いておりました。相談料も三千円と安かったので、軽い気持ちで出かけて行ったのです。

寺の副住職と名乗る温厚な僧侶がS子さんの応対にでました。僧侶は頭をまるめ、墨染めの衣を着ていました。見るからに仏の使徒という感じの人でした。

ホテルには別室が用意されており、祈祷の祭壇が設けられていました。S子さんは、訊かれるままに、ご主人の浮気の疑いについて、あれこれと述べたてました。

「それはさぞつらかったでしょうな」「ほうほうそんなに苦しまれましたのか。不憫なことですな」などと面談の僧侶はS子さんの告白に相づちを打ちます。

やさしい僧侶の応対に、S子さんはすっかり相手を信用してしまいました。

僧侶はもっともらしく祭壇に向かい、お経を口ずさみながら祈りました。それから、ややあって「ううむ……」と、奇妙なうなり声をあげて激しく合掌した手を上下に細かく打ち振うのです。

やっと僧侶の読経の声がやみました。

「困りましたね……」と、僧侶は顔を曇らせて首を振りました。

「何か？」

僧侶の態度に、S子さんの不安はつのり、問いかけました。

「ご主人は重くて深い色情因縁を背負っています」

僧侶はもっともらしく言いました。

色情因縁などという言葉をS子さんは初めて聞く言葉です。何となく嫌な響きのある言葉におどおどしていると、僧侶の説明がさらに続き、ご主人の先祖の一人に浮気が原因で妻に殺害された人がいて、その怨念が因縁となっており、その因縁がご主人の身に噴き出したのだと僧侶は説明しました。因縁切りの祈願をして因縁解脱をしなければ、夫の浮気は今後も続き、やがては家庭崩壊をまねくだろうとの僧侶の言葉に、S子さんはすっかり動転してしまいました。

「とりあえず五十万円を用意してきてください。さすれば私が因縁切りの供養をいたしましょう」と僧侶は重々しく言いました。

S子さんは、何のためらいもなく預金をおろして僧侶のもとへ戻りました。しかし、それで一件落着したわけではありませんでした。お寺に戻った僧侶から、何度も供養料の割り増しの電話をもらいました。

「間もなくあなたのご主人の色情因縁は消滅します。もう五十万円都合つけてください」

僧侶に言われるままに、S子さんはお金を工面して寺に送りました。

S子さんを信用させた理由には寺の存在もありました。何度目かの無心があったとき、少し疑念を感じたS子さんは、パンフレットにあった寺を訪ねました。電車を乗り継いで遠隔地の寺に行ってみると、緑の林に囲まれた大きなお寺で、案内を乞うとまぎれもなく、地元のホテルで人生相談に乗ってもらった副住職がいたのです。

《こんな立派なお寺のお坊さんなら、よもやインチキなことはしないだろう》とS子さんはすっかり僧侶を信じてしまいました。それからも何回かに分けて五十万円を送り続けました。初めて出会ってからすでに五百万円以上のお金を出していました。

次々に金を要求されるので、さすがにおかしいと気がついたS子さんは、知人の紹介で私のもとを訪ねてきました。

お話を伺ってみますと、ご主人の浮気の疑いも、実際には根拠はなく、奥さんの自分勝手な疑心暗鬼のもたらした幻影の感じもしました。

よくよく調べてみますと、その寺は、建物の構えとうらはらの新興宗教で、寺の住職以下全ての人の前身は拝み屋だったということが判明しました。

確かに祈祷師の中にも修行を積んで霊能力を磨いた本物もおりますが、時に、S子さんが被害を受けたような、金儲け主義の拝み屋もいるから注意しなければなりません。

催眠術と神霊治療

催眠術というのは、一種の人間の心理を操作して被術者をトランス状態（睡眠に似た特殊な状態）にすることです。この状態を「入神状態」と呼ぶこともあります。一見神がかり的状態になるところからそのように呼ばれるのです。

仮に催眠術を駆使する人を術者と呼びましょう。催眠の施術を受ける人は「被術者」と呼びます。

術者が催眠術をかけますと、被術者はトランス状態になります。催眠術にもいろいろな状態があります。通常の催眠術では、術者の問いかけに被術者が答えます。トランス状態にありながら意識の一部は目覚めていることになります。

催眠術は潜在意識の掘り起こしなどに用いられることがあり、心の奥底に潜む病の原因などを導き出し、精神系の病気には成果を上げることがあります。

例えばある病気は心の奥底に刻まれた心の傷が原因となって発症していたのに、医師はレントゲン、血液検査など目に見える原因だけを追求していて、いつまでたっても治療成果は上がらないわけです。

ところが催眠術によって被術者の深い潜在意識となって残っていた心の傷を探り当てたことによって、真の病因を見つけ出すことができるということもあるわけです。心理学的な治療法としての催眠術は決して悪いことではありません。

問題は心悪しき術者が催眠術を利用して間違った神霊治療を施したりする例があることです。催眠術の技術があることをよいことにして、神霊治療能力者を装う人がいることは、これは大変に困ったことです。

長年の難病で苦しんでいる人がニセ神霊治療者（催眠術師）のもとを訪れたとします。苦しみを取り除くことを願って訪れたのに、催眠術をかけられ、奇妙なことを口走ったりします。

前述のように深層心理に光を当て、その病因を突き止めるのなら催眠術治療も決して悪いことではありません。ところが、ニセの神霊治療師の顔を持っているのですから恐ろしいことになります。

催眠術の多くの場合、被術者は術者の思い通りになるからです。術者は巧みに被術者の言葉を誘導します。

「お前は裏山の祠《ほこら》に住む狐であろう」

「はい、狐です」と術をかけられた人は答えます。

催眠術をかけられ、いつの間にか狐の代弁者になっているのです。

「何でこの人に憑いて苦しめるのだ」

術者は被術者に問いかけます。

「実は私はみよ婆さんの頼みでこの人に憑いているのです」

みよ婆さんというのは、相談者（被術者）の祖母にあたります。

「みよ婆さんは成仏していないのか」

術者はおもむろに問いかけます。

「みよ婆さんの霊は迷っていて、裏山の私（狐）のところに泣きついてきたのです」

被術者（狐なる霊）は術者の問いかけにいろいろなことを話します。

この話をかい摘まんで言うなら、成仏できない「みよ婆さん」は裏山の狐に相談したというのです。相談された狐は「それなら、私が孫に憑依して孫にこのことを伝えましょう」ということになったというのです。

何とも滑稽な話ですが、催眠術をかけられている当人（みよ婆さんの孫）がいうことであり、他の人は口出しできません。相談者に付添いの人でもいれば、このありさまを一部始終見ているのですから、どうも嘘とは思えないのです。

この場合も、多額の供養料を支払ってみよ婆さんの供養をしてもらったのです。相談者の当人が裏山の狐に供養しますと約束しているのです。

このニセの神霊治療師は自分が催眠術師などと名乗りません。催眠術師であることは隠しています。この例の場合、催眠術の代わりに「降霊術《こうれいじゅつ》」と称しています。すなわち、あの世の霊を相談者に降ろして霊の言い分を聞くというわけです。

神霊治療の場に催眠術を持ち込むというのも一種の迷信悪用と言えないこともありません。十分に注意する必要があります。

正しい神霊治療の認識

迷信やデマの多い神霊治療について根本的に考えてみたいと思います。そもそも神霊治療とはいかなる治療法かということです。

当然ながら、西洋医学とも東洋医学とも根本的に違います。神霊治療という言葉をそのまま受け止めるなら、神霊によって行う治療ということです。

財団法人の日本心霊科学協会による「心霊治療」の解説について紹介してみましょう。日本心霊科学協会の研究者には「神霊」という概念はありません。あくまでも「心霊（人間の霊魂）」がかかわった治療と判断されています。

心霊研究家によると、「心霊治療」とは、生前治療の実績があった霊魂や治療霊団との共同作業によって行われると考えられています。

当然ながら現代医学界では「心霊」「神霊」の概念がありませんから、神霊治療（心霊）の存在を認めていません。しかしながら、英国の貴族社会や皇室の内部の人々の中に、ひそかに心霊治療によって病気を克服したという信ずべき文書は残されています。

当然ながら、神霊治療（心霊治療）を行うには、治療の能力がなければなりません。

さまざまな文献をひもときますと、キリストも釈迦も偉大な神霊（心霊）治療家だということがしるされています。

心霊治療は霊魂の働きによって病人の体の不調和を改善し、病人の体の歪みを修正したり悪い原因を取り除いたりして病気を治します。

この考え方の中で、私が説く大霊（神霊）の関わりが重要であることを研究者は認めています。財団の日本心霊科学研でも、神霊⇩心霊⇩治療能力者⇩患者という図式は私の説く神霊治療とあまり大きな違いはありません。

初代が構築した神霊治療も、ある意味では前述の神霊⇩心霊⇩治療能力者⇩患者の流れと同じと言えないこともありません。

初代、隈本確（聖の神霊位）の確立した神霊治療は、現在、日神会が踏襲している治療法です。

病気は、その多く低級霊の憑依によって発症するということを病因として認定し、その低級霊を除去（救済）することで病を治すということが原則的方法です。低級霊の除去は超神霊の偉大なエネルギーによることもあれば、守護霊の力を借りて行うこともあります。日神会の神霊治療の技術の根本は「浄霊」です。低級霊は自分が救済されたいという激しい想いによって汚されております。人間界の状態に当てはめて言うなら、低級霊は、まさに狂ったようになっているということです。この狂乱に近い霊魂の汚れを高き神霊（心霊）のエネルギーによって浄化して天界に送り届けてやるということです。

以上が神霊治療の原点ですが、この治療に偉大な神霊のエネルギーが関わっているのですから、浄霊は低級霊の憑依の除去だけにとどまりません。

運命改善、大願成就、先祖供養など、あらゆることにお力をいただくことができます。神霊治療成功の後も、定期的にお参りし、浄霊を受けることが幸せになる根本です。

低級霊の霊示で治療する低級治療者

低級霊はあの世に入って永遠の修行に励みたいという想いを持って、救いを求めて人間に憑依するのです。この世の人間の感覚で言うなら、低級霊は哀れな霊魂ということになります。

低級霊は自分の自業自得、すなわち、生前の心の持ち方と悪業の報いで低級霊界へ落ちてしまう場合がほとんどですが、ときには死ぬ直前の死にざまで低級霊にならざるを得なかった霊もいます。

どんな死にざまをした霊魂が低級霊になるかという点については、前著「神と霊の力」で詳しく述べていますので機会があれば参照してください。その部分と重複することになりますが、本書でもポイントだけを抜き書きいたします。

低級霊になる死にざま

(1)異常な死

戦乱で惨殺された武士

殺人犯に殺された被害者

リンチなどでなぶり殺された人

苦悩の果てに自殺した人

(2)無念の死

濡れ衣で処刑（切腹）された人

騙し討ちで殺された人

他人におとしいれられて自殺した人

この世に心残りを持って死んだ人

(3)突然死

事故死（災害や交通事故）

背後から殺された人

(4)この世への未練死

子供を残して死んだ母

未完の仕事の途中で死んだ人

冤罪が晴れないまま死んだ人

(5)自業自得の生涯

多人数を殺した殺人鬼

詐欺で多人数を無一文にした人

人を罠にかけて殺した人

以上が低級霊に落ちるおよそのポイントです。当然のことですが、まだまだたくさんの例がありますｏ掲載したのはその一部です。ただ漠然と低級霊に落ちる要素のようなものがお解りいただけたのではないでしょうか。

この世的感覚で言えば、自分が悪くないのに、ちょっとした人生のはずみで異常な死に方をせざるを得ず、あげくの果てに低級霊の苦しみ辛さを味わうことになったわけで、低級霊は割の合わないものだと考えたくなります。しかし、これが大霊界の法則ですから如何ともしがたいのです。神霊学の論理としては、低級霊だから悪いという観念を捨てなければなりません。しかし低級霊に憑依されて、あたら人生の大半を病の床に伏せる人のことを思うと、霊界の法則とはいえむごいものだと思わずにはいられません。

しかし、一方、低級霊の成り立ちを考えるなら、人間の手によってしか救済してもらえない低級霊も哀れといえば哀れな存在です。

研究者の中には、何百年か経過すると、低級霊は自然浄化されてあの世に入って行けるという人もいますが、その点についてはまだ私は研究の途中で確かなことは断言できません。しかし哀れな低級霊のことを考えると、そうあって欲しいと思わずにはいられません。

また、以上のような死に方をした人が全て低級霊になるかといえば百パーセント当てはまるというわけではありません。死にざまの形としては低級霊になって当然なのにすんなりと天界に上る霊もあります。

逆に死にざまとしては何の変わったところがなく天界入りは確実と考えられていた霊魂が、調べてみたら低級霊になっていたということもあります。

このような一見矛盾に見える結果を解消するために、初代は、どの霊も等しく天界に行けるようにと、天界上げの秘儀を編み出したのです。この点の経緯《いきさつ》については初代の絶筆となった著書「天界道」に詳しく記されています。また、私の前著「神秘力の真実」でも、天界上げの秘儀について述べています。機会がありましたらお読みいただくことをおすすめいたします。

少し話が横道にそれましたが、低級霊についてもう少し説明しなければならないことがあります。

前述したように低級霊は人間によって救済されることをひたすら待っています。そのために霊媒的体質を持った人や、霊の波長の近い形を持った人に憑依して自分が救済してもらいたいことを訴えるのです。低級霊の憑依というのは、低級霊が訴えるSOSととらえることもできます。

症状としては、軽いところでは首や肩のこり、鼻がむずむずする、背中がかゆくなる、よくつまづくようになる、転ぶことが多くなる……など、生活上、身体に異常を感じるのですが、この段階ではほとんどの人が憑依霊の仕業とは考えません。塗り薬を使ったり、市販の点鼻薬で何となくおさめてしまいます。

多くの場合は、目がかゆくなったり、背中がかゆくなるのは低級霊の仕業と思いませんから、自分の体に起きた軽い異変は無視してしまいます。

低級霊はいくら信号を送っても無視されるので、今度はもっと激しい信号を送ろうとします。もっと重い病気にさせたり、ひどい場合は、大きな事故に遭遇させたりすることもあります。霊の救済と言ったところで、大病、難病、大事故という変事が自分の身を襲うのですから、低級霊に取り憑かれた人はたまったものではありません。

一般的に霊障と気づくのは病院を転々とした後のことです。いろいろな病院を巡って、検査を受けてもあまりはっきりした改善が見られないということで、これは単なる病気が原因ではないのでは?……と、ふと感じた人が私たち霊能者の門を叩くことになります。病気に霊が関わっているのではないかと、ふと気づいて、やっと神霊治療を受けることを考えるのです。このようにして、神霊治療の存在に気づき、霊が救済され、健康や平和な日常を取り戻した人が何千人、何万人、何十万人といます。

中には、十年、二十年と苦しんだ持病から、一度の神霊治療によって脱した人もいます。今まで自分を苦しめていた病気が低級霊によるものだということに長い間気づかなかったのです。どう考えても、不条理な話ですが、これも大霊界の実相の一つなのですから仕方がありません。

実は私がここで述べたかったのは、多数の低級霊がおのれの救済を求めて人間に憑依しようとしてさまよっているという現実です。

中には救われることを放棄し、地縛霊や浮遊霊、狂霊になって人間に憑依したり悪さを仕掛けてくる霊もあるということです。

少しドラマチックに言うなら、魔界に落ちた悪霊軍団とも言うべき霊魂の存在です。自分が救われようとする意思がないのですから、始末が悪い霊と言えましょう。

人間的感覚でこのことを説明するなら、悪霊軍団はいろいろと人間界に悪戯《いたずら》を仕掛けてくるのです。悪戯やちょっかいを仕掛けてきて、人間が右往左往してあわてふためくのを見て喜ぶのです。

ニセ霊能者が、能力もないのに霊能者を気取ったりして、気軽に霊とコンタクトを取ったりして、時にこの狂霊がおもしろ半分に反応してくることがあります。これを自分に霊能力があるためだと錯覚して狂霊の霊示をまともに受けて、とんでもない結論を導き出したりするニセ霊能者もいます。

狐や狸の霊が憑いているなどという鑑定はまさにこの手の悪霊の霊示をまともに受けたニセ霊能者の言動ということも考えられます。本人は真面目に霊とコンタクトが取れていると信じているのですから厄介な話です。

この悪霊も、一応異次元の霊魂で、簡単な透視や予言などの能力を持っています。それだけに霊能力もない人がこの霊示にふれて、これは本当の、守護神や守護霊の霊示と錯覚させられる場合があります。

一度や二度の予知予言が的中したからと言って、それが神霊の霊示と錯覚してはなりません。いずれは、化けの皮がはがれます。少し言うことがおかしいと感じたら、あまり近づかないほうが賢明と言うべきでしょう。

死者の霊と生き霊

大方の人は周知のことですが、人間に影響を与えるのは死者の霊魂ばかりではありません。生きている人の、激しく強い「念」も、人間にいろいろな形で影響を与えています。この激しく強い人間の想い、すなわち「念」を「生き霊」と呼んでいます。

死者の霊は、低級霊、あるいは守護霊など、良い面、悪い面などさまざまな形で関わってきており、その点については多くの人はいろいろな局面で学んだり体験していて周知しています。それに対して生き霊（念）については諸説があり、理論的に定まっているとは言えません。

厳密に言えば念は霊ではありませんが、人間への関わり方が死者の霊魂に似たところがあり、それで「生き霊」という言葉を使ったわけです。

「念」は、前述のように、人間の激しく強い「想いのエネルギー」です。心理学の分野では念力について科学的な実験がくり返されています。

一例として説明するなら、サイコロの目を念じて何度もサイコロを振るわけです。念じた目が実験の回数の中で多く出れば、一応念力の存在を証明する理論の一つにはなりうるわけです。

さらに、日本においては心理学者福来友吉博士によって「念写」実験がくり返され、成功しました。強く念じたものがカメラのレンズを通さないで乾板（写真フィルム）に焼きつけられるという実験です。念じたものを写真に焼きつけるのですから、これほど念の存在をアピールするものはありません。

福来博士の一連の実験は一応成功したと伝えられているのですが、正式な超心理学会では認められていません。実験結果にどこか詐術的な匂いがしたのでしょう。実際に念写された写真が残されているのですが、学会では認められていないのですから、念写を科学的に証明する物理的、社会的に認知された正式資料としては残されていません。

私の前著「神秘力の真実」では、Ｐａｒｔ４において、一章分をまるまる使って念力についてくわしく述べています。私の念理論は日神会初代、隈本確（聖の神霊位）の念理論に近いものがあるのは第二代会長の私としては当然のことです。

「念」というのは人間の激しく強い「想い」と前述しました。当然ながら「想い」にはプラスの想いとマイナスの想いがあります。

何が何でも目的を達成させるという激しく強い想いはプラスの念です。プラスの念のエネルギーがあらゆるものに作用して、立ちはだかる困難を打ち砕き、目の前の現実を改革し、ついに目的を達成するというわけです。

前著でも述べていますが、憎んでも憎み切れない相手に対して、何が何でも祈り殺してやると激しい憎悪を持つというのは、これはマイナスのエネルギーです。

日本に伝わる民間の呪術に藁人形に五寸釘を打って呪い殺すという恐ろしいものがあります。念（想い）のマイナスエネルギーの応用です。

草木も眠る丑三つどき、裏山に仕掛けた藁人形に殺したいと考えている相手を思い浮かべて五寸釘を打つという陰惨なお呪《まじな》いです。この呪術は、殺意の念を相手に送り届けるというものです。念のエネルギーによって相手を苦しめようというものです。実際に他人の憎悪や怒りの念などで体調を崩したり、時には死に至ることがあるというのは、私も実際に見聞きしているところです。

初代、隈本確（聖の神霊位）の唱えた理論に「加念障害」があります。一口にいうなら、加念障害というのは、人間が発した憎悪や恨みの想い（念）によって相手に病気や事故、災難が起こることです。

念は人間の持つ「想いのエネルギー」です。これがマイナスエネルギーとなって相手を襲うとき、受けた相手はさまざまな障害を受けることになります。

想いのエネルギーは目に見えません。そういう意味では霊魂と同じです。呪われた相手の体調が狂いがちになります。加念障害を受けた人が、低級霊の霊障ではないかと疑って神霊治療を受けにきますが、その中の何パーセントかは加念障害によるものです。

念は低級霊とは違いますが、浄霊によってどんな症状も解消することができます。

生き霊（念）によって障害を受ける場合、その多くは相手の念の持つエネルギーより、自分の霊（魂）のエネルギーが弱い場合が多いのです。

自分の霊（魂）のエネルギーが強い場合は、相手の念のエネルギーに汚されることはありません。時には相手のエネルギーを跳ね返し、逆に相手が自分のマイナスエネルギーで病気になったり、怪我をすることもあります。すなわち自分が発した激しく強い想いが跳ね返ってきて自分に悪影響を与えるのです。このことを初代は「返り念障害」と呼んでいました。自分の発した念が、もろに戻ってきて自分を苦しめるわけです。自分の投げたブーメランで自分の体を傷つけるようなものです。

私も、返り念障害で苦しんでいる人の神霊治療をしたことがあります。

その方は京都の女性で、三十二歳のRさんです。三年ほど前から、時折、激しい動悸に襲われ、呼吸困難になり、何度も病院に担ぎ込まれました。外出の途中では、救急車のお世話になります。あまりにたびたびの発作で、外出が怖くなり、せっかくの勤めも退職することになったのです。

もちろん、担ぎ込まれるたびに精密検査を受けるのですが、医学的検査では異状無しという結果が出るのでした。結局心臓神経症であろうということになってしまいました。

同じ病院に何度も担ぎ込まれ、担当の医師も看護師も顔なじみになってしまいました。Rさんが担ぎ込まれてくると、あからさまに「またか？」というような顔をします。

気休めの注射を打って、看護師は「すぐに良くなりますからね」と布団の縁をとんとんと叩きます。

確かに数分もすると、看護師が言うように動悸がおさまり、呼吸困難の症状がなくなります。

「やはり、神経的な病気なのだろうか？」と、Rさんは首をかしげます。

しかし、当の本人にしてみると、気のせいで起こる発作だから《発作が起きても死ぬことはない。だから安心……》というわけにはいきません。

発作が起きたときは気のせいだと自分に言い聞かせても、それで気持ちが落ち着くわけでも、苦しみが半減するわけでもありません。発作が起きたときには、本人は、まさに死の恐怖にのたうちまわっているのです。

《ああ……呼吸ができない……心臓が止まる》

そして意識が薄れていくのです。

ところが医学的に疾病を証明するものがないのです。Rさんは知人のすすめで日神会の東京聖地を訪ねてまいりました。

そのときお目にかかったのは私でした。発作の不安におびえながらの上京でした。新幹線の中でも、気が安まることはなかったようです。

話を訊いたときは、最初、低級霊の憑依を疑いましたが、低級霊の影響はありませんでした。霊視と霊査を続けているうちに、低級霊の憑依とは明らかに違う影があり、振動をくり返すのです。得体の知れない影が振動するたびに、Rさんの呼吸が早くなるのです。ひょっとすると、これは生き霊の憑依ではないかということに思い至ったのです。

私は、Rさんに、だれかに恨まれているようなことはないかということを訊きました。しばらくしてRさんは自分の心境について語り始めたのです。

「人に恨まれるような覚えはありません。しかし、私がひじょうに恨んでいる人がいます」

Rさんは私に語りました。

Rさんには見合いして婚約した男性がおりました。その男性とは婚約後、深い関係になりました。それなのに男性は自分の住まいにRさんを招待しようとはしませんでした。R

さんにしてみれば、婚約者がどんなところに住んで、どんな暮らしをしているか知りたいのは当然の思いです。Ｒさんの、婚約者の家に行って、ときには食事を作ってあげたり、部屋の掃除をしてあげたり、洗たくなど、妻らしいことをしてあげたいと思うのは、ごく自然の感情です。二人で食卓に向かいたいと考えるのも当然のことです。

「会社の上司にまだ婚約のことを報告をしていないので、もし、女性が出入りしているのを知られると信用を落とすからね」

婚約者は理屈に合わない理由をつけて、Ｒさんが訪ねてくることをかたくなに拒み続けました。婚約して半年以上も経つのに会社の上司にそのことを報告していないのも不思議な話です。Ｒさんはある日、突然、婚約者の住まいを訪ね、婚約者に同棲している女性がいるのを知りました。もちろん、その日を境に破談です。Ｒさんは、婚約者に二百万円のお金を貸していて、その返済を迫りましたが、彼は借用書がないことをよいことに、その事実をうやむやにしようとしました。

Ｒさんは、婚約者に殺意を感じましたが、もちろんそれは心の中でのこと、Ｒさんは激しい憎しみと怨念で彼を呪い続けました。

Ｒさんの体調が崩れ出したのはそのころからです。そして、激しい憎悪の後、呼吸困難となり、心臓が締めつけられるようになりました。

読者にはお解りいただいたと思いますが、Rさんの憎悪の念が婚約者に向けられるのですが、婚約者の霊（魂）のエネルギーがRさんより強く、Rさんの念のエネルギーを跳ね返してしまうのです。跳ね返されたエネルギーは、そのまま、発信元のRさんに戻ってきて、体調不振や神経心臓病の症状をもたらしていたのです。すなわち、Rさんに現れていた症状はまさに「返り念障害」そのものだったのです。

私は、さっそくRさんの浄霊を行い、念の汚れたエネルギーを浄化しました。約十分の浄霊は成功しました。さらに、Rさんには東京に一泊していただき、翌日、自己浄霊のわざを身に付けていただきました。

以来、約七カ月（平成二十八年八月現在）一度も発作が起きていないとのお便りをいただいております。

救済の使命なき霊媒人間の苦悩

われわれ神霊能力者というのは神霊の使徒であり、世直しのために大霊界の法則によってこの世に遣わされた人間であるということについては、至る所で述べている真理です。霊と交信できたり、ときには霊が視《み》えたり、霊を浄化できる力、神霊治療能力など、さまざまな特技を与えられてこの世に送り出されてきたのです。

苛酷な道ではありますが、生きがいのある世直しの、あるいは人間救済の道を歩むのが神霊能力者の生涯です。

ところが広い世の中にはそのような確固とした使命の自覚もなく、霊とのチャンネルを持ちやすい「霊媒人間」がおります。

霊媒とは現界の人間とあの世の霊の媒介者ということです。ざっくりと言えば霊の意思を理解でき、また人間の想いを霊に伝えることのできる人です。要するにある意味で神霊能力者と同じような能力を持っている人ということになります。

ところが真の神霊能力者は人助けの使命をはっきりと持った神霊の使徒です。真の霊能者は、霊と交信するにしても、あるいは、神霊治療を行うにしても、正しい認識と人助けのビジョンを持っています。

単なる霊媒人間のように、軽い心で霊界とコンタクトをとったり、霊のお告げを金儲けに利用したりはしません。使命を自覚していない霊媒人間は、自分の生き方にビジョンがありませんから、軽い心で霊媒体質の自分を売り出そうとします。簡単に霊とコンタクトを取れることを、商売にしたり、霊能者を自称して人の身の上相談に乗ったりして多額の収入を得るということです。

恐山の霊言霊媒は、霊媒体質を利用して死者の心を人間に伝えています。これは、一つの霊媒体質を持っている人の人間社会に対する奉仕です。奉仕と言っても、霊媒という仕事によって生活をしているわけですから、無料というわけにはいきませんが、霊能者としての一つの役割を果たしているわけです。彼女たちは自分が霊言を伝える霊媒であるという自覚を持って仕事をしています。

このような、霊媒としての役割を理解して仕事をしている場合は霊媒であることの苦しみは少ないわけです。すなわち、自分の特異体質を仕事に生かして人の役に立つこともできるわけです。

問題は、霊媒体質であることをマイナスだと考えている人がいるということです。霊媒体質というのは、別の言い方をすれば、霊がかかりやすい体質のことです。霊がかかりやすいということは、低級霊の憑依を受けやすいということです。高級霊は一般の霊媒体質者に降りてくることはありませんから、憑依してくるのはほとんどが低級霊ということになります。

私のところに相談に来る人の中に霊媒体質であることに悩みを持っている人もけっこう多いのです。通常は一度神霊治療を受けると、以後は、時折浄霊を受けることで、その後、低級霊の憑依を受けることは少なくなるのです。ところが霊媒体質の人は低級霊の憑依をくり返して受けてしまうことが多いのです。

霊媒体質（霊媒人間）には、本人が気がつかないうちに、低級霊がどんどんアプローチしてくるのです。低級霊は人間に憑依することで自分の存在を知らしめ、自分が救済され、天界での修行に入っていきたいのです。

低級霊は無闇やたらに、その場にいる人間ならだれそれ構わず取り憑くというわけではありません。霊をすんなりと受け入れてくれる「霊媒人間」か「波長の合う」人を求めてさまよっているのです。

波長は人それぞれに違い、均一ではありませんから、波長の似た人を探すのは大変ですが、霊媒人間はもともと霊を受け入れやすい体質を持っているのですから、霊媒人間に対しては、一斉に低級霊が押し寄せます。霊媒人間を調べてみますと、一人で三体も四体も低級霊を受け入れている人がいます。

憑依している低級霊は必死です。霊は自分の救済を願ってひたすら働きかけてくるのです。憑依霊は朝に夕に、いろいろな信号を送ってきます。憑依された霊媒人間は心身の休まるひまがありません。次々に訴えてくる霊のアプローチに、霊媒人間であるゆえにより強く反応することになります。

病弱だという人などの神霊治療を行うときに、その人が霊媒体質ということがしばしばあります。絶えず低級霊の憑依を受けて体が不健康になっているのです。慢性的にいつも体調をくずしているのです。

そんな霊媒人間の一人に、数回に渡って神霊治療を行い、自己浄霊法を伝授したことがあります。神霊治療は成功しました。それから後、本人から憑依霊に苦しむことはなくなったと連絡をいただきました。

霊媒人間であっても、自分の霊格を高め、絶えず自分の浄霊を心がけてさえいれば、たとえ低級霊に憑依されても乗り切ることは可能です。

私の治療した霊媒人間は、今では通常の人と同じように健康な暮らしを送っています。

医学を否定する神霊治療者への疑問

ときに神霊治療に携《たず》わる人の中に、医学治療を受けることを忌避《きひ》する人がいます。自分の力を絶対と過信して、この病気は霊による障りだから、医学は関係がない。神霊治療だけで完治すると考えて、それを患者に押しつける人がいます。その考えは大きな間違いであることを私は指摘したいと思います。

確かに現代医学は「神霊（心霊）」の存在を認めていませんから、全ての病気には、病因となる疾患があり、医学的理論によって対処するということになっています。医学的処置以外には解決の方法はないという立場を取っています。神霊の存在を認めないわけですから、霊的に病気が発症するという論理は成り立ちません。医学者が神霊治療を認めないのは当然のことです。

私は霊能者の末席を汚すものであり、神霊治療によって数々の悩める病人を救ってきた実績があります。当然ながら霊的病気の存在を主張することについても自信があります。

しかしながら、私は、同時に現代医学の確たる進歩には畏敬と頼もしさを感じている一人です。

神霊治療は多くの難病を治してきましたが、同時に、現代医学にも限界があるように、神霊治療によっても治らない病気が存在します。例えば病因が霊的原因であっても、病気が進行して、外科的処置や劇薬（抗生物質）が必要になってくれば、医学的治療に頼らなければなりません。

余談ですが、一昔前までは「心霊手術」を信じている人もいました。心霊手術には論理的にいかがわしいところがあり、手術の現場を見ても、まるで魔術のようであり、トリックであることの疑いを消すことはできません。今や心ある霊能者のほとんどは、心霊手術を信じていないと思います。

前著でも述べていますが、ガンも霊障で発症することはあります。初代隈本確（聖の神霊位）には初期のガンを神霊治療で消したという事例があります。もちろん、ガンが消えた事実に、医師も首をかしげます。

確かに医学界においても、過去に自然にガンが消えた例があります。ガンが消えたのは医学的奇跡として医師は納得します。しかし、医師はガンが消えた奇跡を神霊治療のためとは考えません。

過去の自著でも述べていることですが、霊障としてガンが発症することがあります。たとえ霊障が原因のガンでも、ガンという病気の本質は変わるものではありません。日が経つにつれてガン細胞は増殖します。

霊障によって発症したガンでも、ガンの病状が変わるものではありません。そのまま放置していれば、もちろんやがては死にいたります。ある程度ガンが大きくなってから神霊治療を施しても手遅れの場合があります。

現代医学でさえ、ガンが最終のステージになった場合、手術も抗ガン剤も効かなくなることがあるのは周知のことです。

霊障が原因でガンが発生した場合でも、ガンが進行してしまえば、神霊治療でも効果がでにくい場合があります。例え浄霊によって低級霊の浄化除霊が成功しても病状が残るときがあります。この逆の事例も言えるわけです。医学的治療、すなわち、ガンの手術は成功しても、低級霊の憑依は続いている場合には、手術後に、再発したり転移したりすることがあります。そこで私の持論なのですが、医学と神霊治療の共存が大事だということです。私の二十年余りの統計によっても、医学と共存して治療を受けた場合に完治までの時間が短いという結果が出ています。ところが、医学的治療オンリーの場合には、例え治療が成功しても、霊障がそのまま残っている場合は最短の場合、一カ月以内に再発していま す。例えばガン以外の病気の場合で、神霊治療オンリーの場合は、治癒後、再発はゼロですが、症状が完全に消えるまでに三カ月ほどかかっています。これが医学と共存した場合、三週間で症状が消えています。

もちろん、痛みのともなう病気の場合、浄霊後数分で痛みが消えたという例はたくさんあります。たとえ目先の苦痛の症状が神霊治療で消えたとしても、完治ということを考えるとやはり医学的治療と併用するのが一番好ましい結果が出ています。

医学と神霊治療は一見水と油のように見えますが、人助けという「救世」の神意によって、神霊治療も医学もこの世に生み出されたのです。

本来すべての救済の行為は神の意思によってこの世にもたらされたものです。医学も神霊治療も神の意《こころ》なのです。その二つのものが力を合わせて人の苦しみを拭うということは、神の心にかなっているのです。

神霊治療による治癒への時間

神霊治療による治癒への時間は、それぞれの病気によってまったく異なります。そこが霊的原因で発症する病気の特色と言えるかもしれません。

通常の医学の領域で発症する病気の多くは、過去の実績やデータによっておよその見当がつきます。

ある病気は過去の事例から言えば完治までに三カ月かかるとか、全治十日であるなどとある程度の予測がつきます。もちろん、病気のことですから、予測通りにいかないこともありますが、特別な事情のない限り予測は大きく狂うことはありません。もし狂ったり、再発を頻繁にくり返すようであれば、それは、医学的原因の病気というより霊的病因によって発症した病気と考えられます。

特別な事情や予想外のアクシデントがないかぎり、医学的治療の治癒への予測は大きくはずれるものではありません。

これに対して霊的要因の病気は、治癒に至る時間については、ほとんど予測がつかないというのが正直な感想です。

何しろ、二十年間も、いや、それ以上の長い時間も霊的要因の病気と気がつかずに過ごしてきたという場合もあります。長い歳月の間に病気も進行していたり、慢性病になっているケースもあります。

何度も私は言っているのですが、霊的病気と言えど、病気そのものに変わりがあるわけではありません。

仮に低級霊の憑依で発症した喘息であっても、医学的原因でなった喘息の症状と違いがあるわけではありません。神霊治療によって病気の原因となった低級霊を浄化しても、喘息という病気は残ります。ただ、不思議にも喘息の症状の咳こみや呼吸困難の発作が日毎に少なくなり、やがていつの間にか症状が消えてしまうのです。

仮にアトピー性皮膚炎が霊的要因で発症した場合、神霊治療によって霊的要因を排除しても、アトピーの症状がまたたくまに消えるというわけにはいきません。しかし、以後今まで効かなかった薬に効果が出てきたり、日に日に、症状がよくなっていくのです。

神霊治療を受けたのに、翌日も治らなかったなどという問い合わせがありますが、神霊治療は魔術でも手品でもありません。全ての症状が一瞬にして症状がなくなるというわけではないのです。しかし、確実に病状は回復に向かいます。病気の原因である霊障を排除したのですから、確実に快方に向かうのは当然のことです。

神霊治療の効果でわかりやすいのは痛みのともなう病気です。頑固な慢性頭痛で悩んでいた人が、神霊治療を受けた瞬間、まるで痛み止めの注射でもしたように痛みが薄らいで、以後、頭痛が起きなくなったというような例は多数あります。

痛みを起こしていたのは低級霊の信号です。救ってもらいたい低級霊は痛みの信号を送って救済を求めていたのです。神霊治療によってその目的が達せられて、以後、霊の救済を求める信号がなくなったのです。

何十年間も苦しんできた痛みから解放された人は、神霊治療の偉大な効果に感激して感謝の長いお手紙や、お言葉を下さいます。

神霊治療の治癒への時間は病気の種類、病気の年月などによって違いがあり、簡単に予測することはできません。

痛みなどの場合は一瞬にして消えることがありますが、慢性的に長引いていた病気はたとえ神霊治療が成功したからといって、すぐに症状がなくなるということはありません。

何度か神霊治療を受けているうちに、ある日思いがけなく症状が消えていることに気がつくのです。

一応の目安としては三カ月間でも症状が好転しない場合は、霊的原因以外の病因が考えられます。前述のように、霊の浄霊や除霊が完全になされていても、器質的に病気が重症化している場合があります。医学的な治療が必要ということです。

浄霊による自然治癒力の向上

人間の身体には、本来生まれながらにして病気にならない免疫力や自然治癒力が備わっているのです。ところが低級霊の憑依にはこの人間本来の病気と闘うシステムは何ら力を発揮しません。これは、発病が霊の憑依という異常な原因によるものですから、身体の免疫システムが機能しないのは当然のことです。

霊障はどんな健康な身体を持っていても、誰にも起こりえる現象です。いかに日常的に身体を鍛えていても、憑依する霊との波長が近似していれば、霊に取り憑かれます。また厄介なことに、霊の性質によってどんな病気がもたらされるかということは残念ながら発症してみなければわかりません。

現在のところわかっているのは、その人の持っている弱点部分に発症しやすいという程度のことです。例えば呼吸器系の弱い人は、呼吸器系に病気として発症します。消化器系の弱い人は、消化器系に霊障を受けやすいということです。しかし、これとて絶対ではありません。何しろ霊のやることですから、人間の予測ができないことが多いのです。人間の弱点部分に霊障が現れやすいというのは、単に私の経験から言っていることです。

元気ばりばりだった人が急に病気がちになるというのは、霊障の疑いがあります。通常の病気は寄せ付けなくても、霊による病気の発症は身体の頑健さに関係はないのです。

しかし、誤解のないように言っておきますが、霊が狙うのは波長の近似の他には、やはり身体の弱い人ということになります。

例えば波長が似ている丈夫な人と、波長が似ていて身体の弱い人と比べた場合、身体の弱い人に霊は憑依しやすいようです。その理由を単純に言えば、病弱の人のほうが簡単に病気になってくれるからです。霊は、早く救済してもらいたいのです。そのためには相手のダメージを少しでも大きくしたいわけです。霊障が病気として強く現れるためには身体の弱い人のほうが都合がよいということになります。

しかし、それはあくまでも、低級霊と波長が近いという同一条件で、丈夫な人と、体の弱い人を比較した場合のことであり、基本的には憑依と身体の強弱とは関係がありません。日常的には健康な人でも突然霊障によって病の床に伏せることはありえるわけです。

それなら憑依を防ぐにはどうしたらよいかということになりますが、人間の世界でいうところの免疫力の向上は、霊格の向上ということになります。すなわち低級霊につけいる隙を与えないような波長を持つということです。すなわち自分の霊波を変えるということです。霊格が高まれば波長もそれなりに変化するわけです。それは、自己の修行を怠らず絶えず他者浄霊、自己浄霊によって霊魂の格を上げていくことです。修行というのは決まって祈りの時間を持ち、守護神、守護霊に常時力を蓄えておくということです。

人間というのは、弱い存在です。ゆえに神に祈り神にお力をいただくのです。修行というのは祈りですが、祈りとともに日常生活において、他人を恨まないようにしたり、怒ったり、憎んだりしないように心がけることが修行なのです。

人間には愛に満ちた善なる心もあれば、人を憎んだりする悪の心も持っています。修行とは悪の心を払いのけ、善なる心に生きようとすることです。この修行の日々と祈りの中で霊格は高くなっていき、霊的免疫力が高まっていくのです。

Part.5

縁結びに関する迷信と真実

相性の不思議と真実

私たち人間界の不思議の一つに相性があります。趣味も育ちも違うのに、どういうわけか人間関係がしっくりいって、仲がむつまじいという例もあります。その逆に環境や育ちが似ているのに、どうも二人の関係がしっくりしていないという場合もあります。

相性は理屈ではない不思議な現象です。環境も身分も学歴も違うのにすべてぴったりの相性もあれば、同じような育ち方や家柄に生まれてもしっくりしないということもあります。相性はまことに不思議なものと言えます。

夫婦関係などでは相性の良い悪いが端的に現れる場合があります。ラブラブで結婚に踏み切ったのに、数年で離婚したというケースがあります。

ラブラブ状態にあるのは、男女の性愛の情がもたらす現象で、本質的に相性とは関係がありません。お互いが新鮮で性愛を求め合っているときはラブラブですが、新鮮さが薄れてきて、お互いが一人の人間として向き合ったとき、真の姿が露呈されます。すなわち、相手を恋人としてではなく、一人の人間として見たとき、真の相性が試されるということになります。

恋ごころというベールに包まれていたときは魅力ある人間に見えていたのに、ベールが取れてしまったら、何と魅力のない人間であることかと、相手に対してうんざりしてしまいます。実は相性が良いと思っていたのは恋ごころというベールによる錯覚で、実は二人はまったく相容れない人間関係だったということに気がつくことになります。

その逆の例もあります。最初、出会ったときは特別、心が動かされることがなかったのですが、結婚してみて、あらゆることがしっくりしてきて、何事もなく平和に過ぎていくという関係もあります。最初は心ときめくことは少ないのですが、一緒にいると、どことなく安心感があり、居心地がよいのです。最初は意識しなかったが、この二人の相性は抜群によかったということなのです。

男女の例だけではなく、友人、上司、部下などにも相性という不思議な法則が働くのです。第一印象がよいというのは、相性の条件の一つですが、絶対的なものではありません。男女のラブラブと同様に、最初は相手の表面的な面で好ましく思ったり、尊敬の念を持ったりしますが、長い間に相手のレッテルがはがれてくると、今度は真の相性と向き合うことになるのです。

レッテルというのは、容貌やスタイル、着こなし、学歴、家柄など、人間性とは余り関わりのない表面的なものです。表面的な条件が頭に入ってきて、それが素晴らしいように思え、心のうちからというより、計算ずくで相手を好ましく思うのです。すなわち、感性がキャッチした第一印象ではなく、計算ずくでよい人と思ったわけです。やがてそのレッテルも色あせてくるときがあります。真の人間性が見えてくるのです。そのとき、しっくりしない関係であることに気がつくのです。

第一印象が相性の条件の一つと前述しましたが、それは真実、相性がよいために、初めて会ったときから、好ましい思いを相手に対して抱くことがあるのです。そして、その第一印象の好感度が、時間が経っても色あせることがないのです。このような形なら、これは本当に相性が良いのかもしれません。

運命の出会い、赤い糸で結ばれていたというような出会い、それこそが第一印象が生涯の縁《えにし》となるような結びつきなのかもしれません。それにしても、相性とは不思議な結びつきです。その縁結びに運命を感じます。

相性は占星術などで占われることが多いようです。占星術は星回りによって運勢が左右されるというのが占いの基本ですから、人間の相性も星回りによって決まってくるのは当然の結果です。

一白の女性は、九紫の男性とは大凶運とか、二黒の女性は一白の男性とは大凶運、三碧の女性は九紫の男性とは凶運……などと生まれ星の組合せで吉凶を占っています。紀元前に完成されたという星占いですから、何千年の年月を経過しているのですから、統計的にも根拠があるのでしょう。しかし、私は悪いといわれる星回りの夫婦が円満に添い遂げた例をたくさん見聞きしていますし、逆に最高の星回りによる組合せといわれた男女が、数カ月で離婚に至ったという例も知っています。どんな占いにも例外があるから、占いは絶対的なものではないという証拠のようなものです。

それなら果たして相性というのは何でありましょうか?

実は大霊界の法則に相性を伺わせるものがあるのです。それは、私たち一人一人に関わっている守護霊の存在です。

守護霊は、例外は別として多くは先祖を含めた関係の深い霊魂が大霊界の法則にしたがって、現界の人間の守護霊となるのです。

守護霊は、絶えず人間を守っているのです。しかし、守護霊のエネルギーにはそれぞれに強弱がありますし、守護霊そのものに霊格の高低があります。また、守護する内容も大霊界の指令によって異なります。

日常的に人間は、自分が特定の霊によって守られているという意識を持たないまま生活しています。しかし、実際は私たちは守護霊や指導霊など複数の霊とともに生活しているのです。

霊は絶えず波長を出しています。霊は波長によって大霊界と直結していろいろな指令や守護の方法を受け取っているのです。

また、霊は波長の近い霊に対して、引かれ合う性質を持っています。波長が近似していて、なおかつ、おのれより強いエネルギーを持っている霊に引かれます。

神霊学的な仮説ということになりますが、人間の相性はこの守護霊の相性に左右されているのではないかと考えられるのです。

夫婦喧嘩ばかりしていて、一見仲が悪そうに見えるのですが、離婚に至らずに添い遂げた夫婦の守護霊はお互いに引かれ合っていたのです。その逆に一見仲睦まじそうに見えるのに、あっけないほど簡単に別れてしまうのは、守護霊の波長が全く合わないのに結婚し

運命の出会い、相性の良さ、赤い糸でつながっている…その神霊学的メカニズム

霊は波長の近い霊と引かれ合う性質を持っている。人間の相性はこの守護霊の相性に左右され、それはあたかも運命であったかのように感じる。

た夫婦なのです。

守護霊の相性はどのように識別すればよいのかということになりますが、実際のところ一般の方には事前に判別するのは難しいのです。守護霊の格や違いは、死して後、霊界における修行の度合いによって変化します。また、守護霊は、現界を生きている人の生きざまによって、ときには入れ代わったりします。

結ばれた二人が心して修行に励み、祈りの生活を送るなら、守護霊は変化し、向上し、やがて二人の波長が近似してくることは可能です。

低級霊の憑依で混乱する人間関係

私たちは大霊界の法則の中で暮らしています。それは、すべての人が、霊との関わりの中で生活しているということです。

霊と人間の一つの関わり方が低級霊の憑依ということです。低級霊の憑依という事実は、神霊治療が実在する原点なので、今までも繰り返し述べてまいりました。私の著書の読者ばかりではなく、大霊界に関心のある大方の人が周知のことと思います。

改めて説明すれば、人間は死に際し、肉体という衣《ころも》を脱ぎ捨てて魂魄《こんぱく》となり、あの世と呼ばれる霊界に入っていくわけですが、この場合すんなりと魂の修行の場である天界に入っていける霊と、幽界と現界の間をさまよう低級霊に落ちる霊と二つに分かれるのです。

わかりやすく低級霊を「さまよえる霊」と表現します。どの死者の魂魄も死して天界に入り、さらなる栄光と安らぎを求めて永遠の修行に入って行きたいという想いを持っているのです。またさらに、霊界での修行によって、魂は上の位へと上りつめ、「完全なる魂」として昇華していくのです。霊魂は果てしない修行をくり返し、たどり着く先は、この完全なる物（完全なる魂）への昇華です。

「完全なる魂」を人によっては「神」「仏」と呼びますが、神や仏は祈りの対象であり、人間によって作られた救世の真理であり、霊魂が昇華の果てにたどり着くのは神と呼んでもよいような「完全なる魂」ということです。

死して得る魂の昇華はそれ自体が永遠の安らぎであり、救いであり、動かざる清き光でであります。この完全なる清き光にたどり着くのに何千年、何万年、否、永遠の時が必要と言われています。

人間はこの悠久の救いを求めて、死後の世界に入っていくのです。死は本来は悲しみではなく、永遠の修行の旅立ちでもあるのです。永遠の修行の旅立ちは、完全なる物をめざす第一歩ということです。

ゆえに死者の魂は天界に入ることを望んでいるのです。すべて霊魂は、死して天界に入っていくことを望んでいるのです。そのこと自体が大霊界の揺るぎない法則の要《かなめ》でもあるのです。

ところが魂魄の半数近くは、死にざまによって低級霊（迷える霊）に落ちてしまうのです。霊魂の生前の生きざまと、死にざまによって天界入りか、あるいは低級霊に落ちるか、その行方《ゆくえ》が決まってしまうのです。大霊界の法則とは言え、何とも切なく割り切れない話です。

問題は、低級霊の人間への関わりです。なぜ低級霊が人間に憑依するかと言えば、迷える霊は救いを求めているからです。この迷える霊が救われる道は、神としての力をもった霊能力者の手によって汚れを浄めてもらい、天界に送り届けてもらうことです。迷える霊（低級霊）の救われる道はそれしかないのです。

低級霊は、自分を救済してくれる人を求めてさまよっているのです。自分の持っている波長に似た人、あるいは霊媒体質の人を常に探しているのです。

憑依すると、霊はさまざまな信号によって人間に救済を求めてきます。前述のように、軽い信号では、かゆみ、眠気、あくびなど、あるいは物忘れ、物につまずく、腹痛や頭痛、肩こり、しびれ……などの症状が頻繁に起こるようになります。

それでも、憑依した人間が反応を示さないと、いよいよ本格的な病気の発症ということになります。

憑依され、どんな病気が発症するかという点については、掲載された図表（次頁）を参照してください。

問題は、低級霊によって起こる「霊障」は、病気の発症だけではなく、相性の悪い霊を持っている人に対して、反感的反応を示すことがあることです。

守護霊と守護霊の相性については前述しました。守護霊は高級霊ですので、相手の守護霊に対して敵愾心《てきがいしん》を持つことはありません。

低級霊は自分の救いを優先させたいために、相手の人の背後霊（守護霊・憑依霊）に対して敵対する反応をし、行動に示すことがあります。

今まで人間関係が良好だったのに、ある日を境にしっくりいかなくなったなどというと

神霊治療（浄霊）の対象となる既知・告知の病気とその箇所

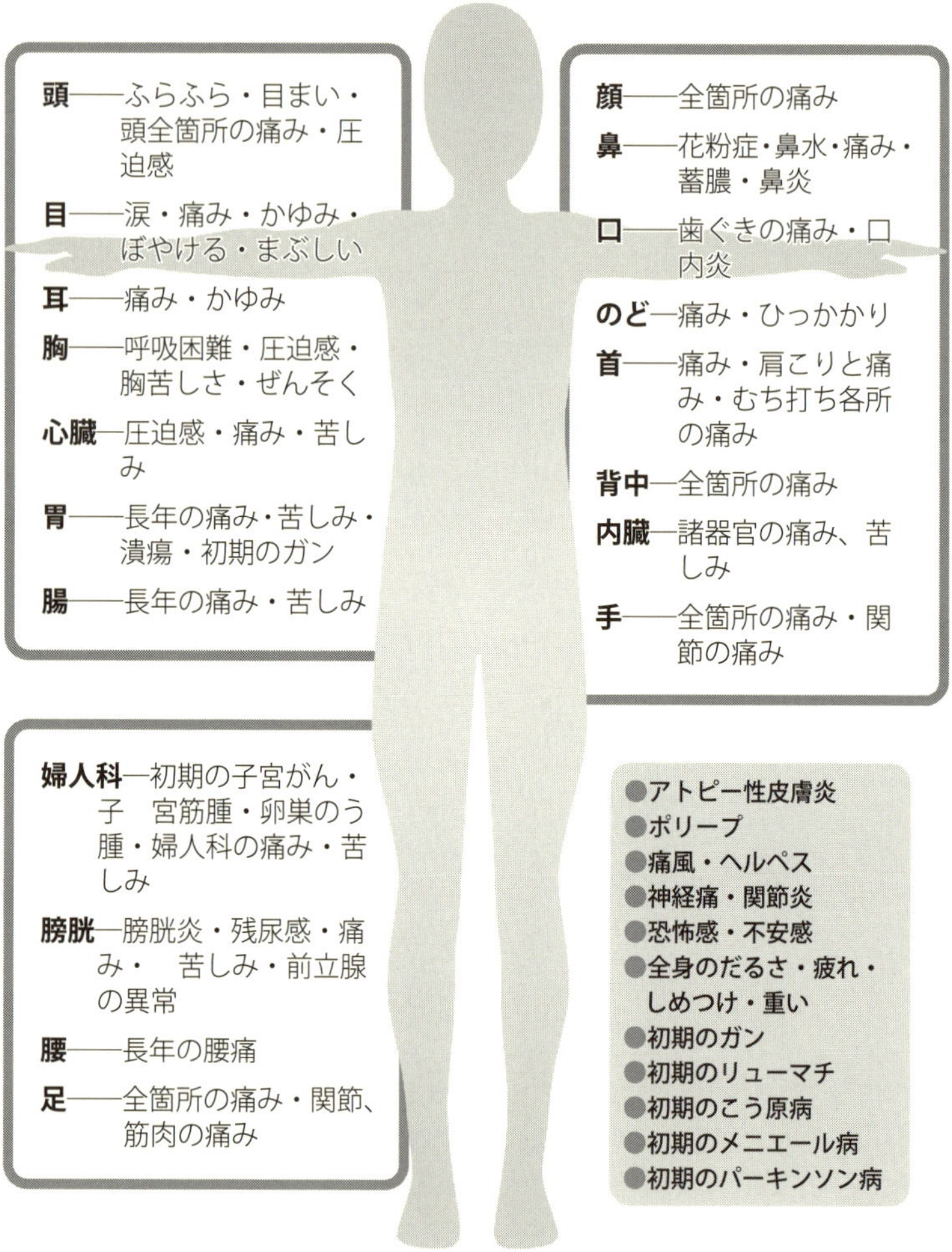

頭――ふらふら・目まい・頭全箇所の痛み・圧迫感

目――涙・痛み・かゆみ・ぼやける・まぶしい

耳――痛み・かゆみ

胸――呼吸困難・圧迫感・胸苦しさ・ぜんそく

心臓―圧迫感・痛み・苦しみ

胃――長年の痛み・苦しみ・潰瘍・初期のガン

腸――長年の痛み・苦しみ

顔――全箇所の痛み

鼻――花粉症・鼻水・痛み・蓄膿・鼻炎

口――歯ぐきの痛み・口内炎

のど―痛み・ひっかかり

首――痛み・肩こりと痛み・むち打ち各所の痛み

背中―全箇所の痛み

内臓―諸器官の痛み、苦しみ

手――全箇所の痛み・関節の痛み

婦人科―初期の子宮がん・子　宮筋腫・卵巣のう腫・婦人科の痛み・苦しみ

膀胱―膀胱炎・残尿感・痛み・　苦しみ・前立腺の異常

腰――長年の腰痛

足――全箇所の痛み・関節、筋肉の痛み

- **アトピー性皮膚炎**
- **ポリープ**
- **痛風・ヘルペス**
- **神経痛・関節炎**
- **恐怖感・不安感**
- **全身のだるさ・疲れ・しめつけ・重い**
- **初期のガン**
- **初期のリューマチ**
- **初期のこう原病**
- **初期のメニエール病**
- **初期のパーキンソン病**

上記の病名、箇所はほとんど神霊治療（浄霊）の対象となります。医学でも同じことが言われますが、病気発生より早いほど良い結果が出ます。

きには、低級霊の憑依を考えてみる必要があります。

この低級霊の反目現象は、他人ばかりではなく、兄弟姉妹、両親との間に起こることもあるので要注意です。少し変だと感じたら、すぐに浄霊を受けることをおすすめします。

肉親の間にも起こりえる低級霊の反目現象ですから、会社の同僚、友人関係、近隣の付き合いの中にはしばしば見られる現象です。低級霊の反目現象は、せっかくの人間関係に影を落とすことになるので、注意深く見守る必要があります。

被憑依者である当人として、自覚すべきは、今まで好きだった人が急にうとましくなったり、ラブラブだった恋人に急に嫌悪を感ずるようになったりしたとき、低級霊の憑依を疑ってみる必要があります。

相手の背後霊に対して自分に憑依した低級霊が反目しているために、相手との人間関係がぎくしゃくするようになったということが考えられます。あるいはその逆に相手の憑依霊が自分の背後霊に対して反感を持っているのかもしれません。

そんな疑いがあったら、即座に浄霊することです。人間関係をだめにしている憑依霊の浄霊除去によって関係が再び修復し、良好な関係に戻ることができます。

私の関係した例では母一人子一人の母娘があわや憎しみ合う関係になろうとしたとき、

私の浄霊によって再び仲睦まじい母娘に戻ったというケースがありました。

七十八歳の母親と五十歳の娘の話です。この母娘は肉親愛を絵に描いたような心寄せ合って暮らしていた親子です。娘さまは一度は結婚したのですが、同居した夫がお母さまとしっくりいかず、離婚しました。

夫は、母と別れて別居して暮らすことを妻に求めましたが、お母さまを捨てることが忍びなく娘さまは夫と離婚する道を選択したのです。幸いにも子供がおりませんでした。母と夫、どちらかを取らなければならないとき、娘は母を選んだのです。言うならばそれほど母親想いのお嬢さまだったということです。

その娘さまがあるときから、急にお母さまをうとましく思い始めたのです。お母さまのやることなすことが気にくわないのです。よぼよぼし始めたお母さまの家事も炊事も気にくわないのです。見ているといらいらしてくるらしいのです。

《どうしたのだろう？　あんなに好きだった母親がうとましくなるなんて……》

娘さまは自分に問いかけてみるのですが、その答えを得ることはできません。ときにはお母さまのために自分の人生を犠牲にしてきたことが悔やまれて仕方がない思いで一杯になるのです。

その娘さまがある日突然の腰痛に襲われたのです。まともに立っていられないほどの痛みです。もちろん会社の仕事も家事もできません。身の回りのことも、何もかもうとましいお母さまの手を借りなければできなくなってしまったのです。

病院に行って精密検査を受けてもはっきりとした原因は見つかりません。湿布薬や痛み止めの薬が効いて、痛みはおさまり、何とか出勤ができるようになりました。しかし痛み止めの薬が切れると、再び激しい痛みが襲ってきます。

彼女が友人に連れられて日神会の私のもとを訪ねてきたときには、痛みが出てから、ほぼ一年近く経過していました。

霊査を行いますと、低級霊の憑依による腰痛の発作でした。私がお目にかかったときは、薬が切れて痛みが急に出てきたときで、彼女の頬は青ざめ、額に汗をにじませて痛みに耐えていました。

私はさっそく神霊治療に取りかかりました。彼女は畳に両手をついて、顔を上げ、肩で大きな息をついていました。

神霊治療をはじめて十分ほど経ったとき、青ざめた彼女の頬に血の気がさしてきて、苦悶にゆがんでいた顔が穏やかな表情に変わっていきました。畳についていた両の手を合わせて祈っていました。

神霊治療が終わると、私に向かって深々と頭を下げました。

「痛みがどんどん消えていくのがわかりました。神霊治療が成功したのでしょうか?」

彼女は私に問いかけました。

「憑依霊の浄霊はスムーズに終わりました。腰痛の発作もこれから少なくなっていくでしょう」と私は答えました。

それから、十日ほどして彼女から長いお手紙をちょうだいしました。

《あれほどうとましく感じていた母が、私にとってかけがえのない存在であることがふたたび心に強く感じられるようになりました。腰痛の原因であった憑依霊の浄霊と私の心境の変化とは何か関係があるのでしょうか?》

手紙はそんな言葉で結ばれていました。

そのとき私は初めて、その娘さまとお母さまの間に不思議な心の葛藤があったことを知りました。

私は、後日、娘さまが来会されたときに、娘さまに憑依していた低級霊がお母さまの背後霊に反発するものがあったために起きた心の行き違いであろうと答えました。娘さまが神霊治療を受けることで、憑依霊の除霊がなされ、お母さまとの関係が元の親密な母娘の関係に戻れたことを何よりのことと私は心から感じた事件でした。

このような人間関係の離反は、妻と夫、親友同士、兄と弟、上司と部下、師と弟子などの間にも起こりえますので、くれぐれも要注意です。そのような人間関係の危機を招かないためにも、ときには浄霊を受けておくことが大切です。

人に嫌われるのは憑依霊の仕業か？

低級霊に憑依されることで現れる障害はいろいろありますが、一番多いのは何といっても病気です。霊障がなぜ病気という現象として現れるのか、常識的に考えられるのは、低級霊が救済を求める形として、痛み苦しみが一番有効であるためと思われます。

低級霊が憑依するのは、おのれが救済を訴えていることを、人間に確実に知らせることが目的です。このためには病気（痛み苦しみ）という形が一番確実であることは理解できます。

霊の憑依が病気（痛み苦しみ）という霊障を現すことは、数字的には多いのですが、最初から病気（痛み苦しみ）という形を取らない場合もあります。

身体が痒くなったり、だるかったり、手足がかすかにしびれたり、慢性的に眠気を感じたりという、痛み苦しみというほどではないが、何となく身体に異変を感ずるような信号もあるのです。何となく勝《すぐ》れないとか、調子がおかしいという形で現れることもあります。しかし、この程度の異変ですと、仕事で疲れているから、呑みすぎ、夜更かしが続いたためではないかなどと勝手に解釈して、ドリンク剤などを飲んで誤魔化してしまいます。ほとんどの人は低級霊による憑依とは考えません。よほどのことがない限り、この段階では神霊治療を受けようと思う人はいません。

軽い信号では気づいてもらえないということになると、霊の信号は徐々にエスカレートしていきます。

つまずいて転倒させたり、大事な物を電車に置き忘れたりというように、信号はやや強くなっていきます。しかし、大方の人は、それでもまだ霊の憑依とは考えません。この時点で相談いただければ、病気や難病になる前に神霊治療を施すことができるのですが、この時点で気がつく方はきわめて少ないのです。

軽い信号でらちがあかないとなると、低級霊は、やがて本格的な病気（痛み苦しみ）という信号を送ってきます。そのときになって、あるいは霊のたたり、しわざ？と神霊治療を受けにやってきて、初めて霊障による病気と気がつくのです。

低級霊の憑依によって人柄が変わるということはめったにありませんが、低級霊の中には救われることを放棄した狂霊、地縛霊、浮遊霊などがいます。それらの狂霊、悪霊に憑依され、精神が狂ったように暴力的になったり、悪口をわめきたてたりと、人間性が変わってしまうという例もあります。

低級霊に憑依を受けた場合、病気の症状が現れる前は一般の人では外見から被憑霊者であるかどうか判断はできません。しかし、ときに周囲の人が離れていったり、今まで友人だった人に敬遠されたりして孤立することがあります。

前項で、母と娘の反目の例を述べましたが、この場合は娘に憑依した霊が母親の背後霊に敵対心を持ったためです。人間が孤立する例は、憑依霊が他の霊を排除するエネルギーをまき散らしているために、人が寄りつかなくなってしまうのです。

社交的でみんなに好かれていた人が、はっきりした理由もなく人々に敬遠され、人心が離れていくのです。

ある意味で深刻な事例です。本人は全く自覚していないのですから悲劇です。どうして人々は自分から去っていくのだろうと、茫然自失で考え込んでしまいます。

中小企業の社長にこの悲劇を味わった人がいます。勤続十数年、創業時から共に闘ってきた友人と些細なことで喧嘩別れをしてしまいました。それから、数人いた職人、工員も次々に辞めていきます。

これは、前述の例と同じで、憑依した低級霊が他人の背後霊に敵愾心を抱いたためです。しかし本人は理由がわからないのですから、まさに悲劇としか言いようがありません。

そのうちに社長は病気になり、会社は休業せざるを得ませんでした。奥さんが社長の病気と同時に去っていった創業時の友人を訪ね、会社の危機を訴え、復帰してもらうように涙ながらに頼みました。

友人は勤め先も決まっていましたが、奥さんの涙ながらの訴えに心を動かされて、会社に戻りました。工員や職人もすべて復帰して工場は再開しました。

私の神霊治療が成功して元気になった社長が会社に顔を出すと、社員たちは感激して駆け寄りました。低級霊が除霊されたまっさらな社長は昔ながらのみんなに慕われる社長に戻っていたのです。

後日、この話を聞いた私は、社長に、当時工員や職人がやめていったのは低級霊の憑依

低級霊の憑依に NO!

低級霊は、自分が救済されるため、常に相性のよい人間を探している。低級霊に憑依されないために、浄霊を受けることが大切。

が原因かもしれない……と伝えました。社長は半信半疑のようでしたが、いずれにしろ、再び会社は活力を取り戻したのです。

いまだに社員たちはなぜ社長のもとを去ってしまったのか、自分たちは理由がわからないのです。悪夢を見ていたような半年間だったとみんなが首を傾げました。

まぎれもなく低級霊の仕業による不幸な事件だったと私は確信しています。社長も私の話を百パーセント信じているとは思いませんが、月に一度浄霊を受けにやってくるのです。「あの恐ろしい孤立感を再び味わいたくありません」

社長は浄霊を受けた後、決まってそう呟くのでした。

神霊治療で良縁が得られる?

人間関係に、守護霊や低級霊が影響を与えているということは大霊界の法則の一つのようです。このことを言い出している霊能者は今のところ少ないのですが、私のささやかな研究である程度の可能性として提言いたします。

守護霊は大霊界の法則によって、当人に関係した霊魂がいろいろな局面でその人の人生をサポートします。当人に関係した霊魂というと、先祖、肉親、友人知人など多岐にわたります。その七割程度は先祖霊です。相当に時代を経た先祖霊もあり、七百年以上前の先祖が守護霊というような霊もあります。

大霊界の法則によって、特定の先祖霊が守護霊の命を受けて子孫の守護をするわけですが、この場合選ばれる守護霊は、霊界での修行のある程度進んだ霊魂が指名を受けるようです。

例外として、現界において、偉大な宗教者であった人などは死して間もなく守護霊の役目を担うこともあります。そのほかに、一芸に勝れた武芸家やスポーツ選手、医師、芸術家、大実業家などが、死してあまり日を置かずに守護霊として子孫および関係者に降下してくることもあります。ちなみに、聖の神霊位である日神会初代の隈本確は天界入り後、数分で日神会の守護神となったという霊界通信を送ってまいりました。

現界の親しい人間に、激しい思いを持って死んだ人などが例外として死してあまり時を経ずして守護霊になることがあります。例えば目をかけた弟子の研究を助けてやるために恩師が守護霊となったという例もあります。あるいは特別の事情で死に別れをしなければならなかった母親が愛児の守護霊になったという例もあります。母親が子供の守護霊となった例はけっこう多いという事例が残されています。

　霊界についてはいないことが山積しているというのは当然のことです。霊界については世界的に、一八〇〇年代の半ば頃に入ってやっと科学的研究をしてみようという学者が現れたのですから、まだまだ未知のことがいっぱいです。霊界は異次元の世界ですから、推論を裏づける実験が不可能ということも研究が進まない理由の一つです。守護霊によって守護された事例は数限り無く報告されています。このような実体験者の報告や死者による霊界通信、聖の神より下される神示などによって、私は守護霊の存在を確信しています。

　実際、守護霊の降下や低級霊の憑依によって人間性が変わるということがあります。前述したように、おのれが救われることを放棄した狂霊や浮遊霊、地縛霊などによって、人格が急変することはありますが、この症状は、精神的に異常を来すわけで、我々霊能者も、現れた異変が、神経系の病気のためか、または憑依霊による霊障なのか、見分けることは非常に難しいのです。気安く神霊治療を引き受けて、実はこれは霊障ではなく神経的病気による人格の急変だということになれば困ります。

　対策として、神霊治療によって浄霊除去し、ご自身でも日神会で指導を受けた自己浄霊法（最高の神のお力、エネルギーを頂く方法）と強制浄霊法（瞬時に強制的に霊の浄化を行う方法）を行って頂くことで、霊障の現象なら、神霊治療によって除霊が成功すれば、ほとんどすぐにと言ってよいほどに効果が現れ、元の人格を取り戻します。現にこのような方法で健康な生活を取り戻した人がおります。

お互いの背後霊によって引き合ったり、離反したりするということはあるのです。ところが前述したように、背後霊の相性によって引き合ったり、嫌悪したりすることがあるので、縁結びの際には注意したいものです。意外にも人間が結ばれるのは第一印象ということがあります。そしてこの第一印象は背後霊の相性によるということがあるのです。霊の相性がよいのなら、それでよいではないかという意見もあると思いますが、背後霊は守護霊だけではありません。その人に憑依したときから低級霊も背後霊の一つになるのですから困りものです。

たまたま憑いた低級霊のエネルギーによって相手を好きとか嫌いとか判別しては思わぬ間違いを犯すことになります。

Part.6

死後の世界の迷信と真実

死後の迷信と真実は紙一重

極論すれば、死後の世界は迷信の宝庫と言ってよいのかもしれません。宝庫というのは可笑《おか》しな言い回しですが、あの世の迷信には罪のないものが多く、迷信を信じたからと言って特別に実害を受けるようなものは少ないのです。

なぜ死後の世界に迷信が多いのかというと、だれもあの世を覗いて帰ってきたという人がいないからです。死後の世界に行った人は死者であり、死者が生き返ってきてあの世の体験をレポートしたり、詳細な霊界旅行記を発表したりしたということはありません。

死というのは生物学的には、心臓が止まり、脳の働きが停止するということです。もちろん血液の流れもなくなり細胞は死滅し、時間が経つことで肉体の腐敗が始まります。医学的には脳死以後、一定の時間が経過すれば蘇生することはありえない現象ということです。科学的には、死んで二日後に再びこの世に戻ってくるということなどはありえない話なのです。

神霊学的には、肉体の死滅以後、しばらくの間は霊魂が幽体とともにあり、やがて幽体と共に離脱し、やがて幽体から霊魂が抜け出て霊界へと入っていくのです。通常は霊界(天界)に入ると同時に魂の修行が始まります。

このような一連の生から死への経過の中で、死者が生き返るということは、科学的にも、神霊学的にもありえない話なのです。

人が生き返ったという話を聞きますが、それは多くの場合、臨死体験のことをさしているようです。臨死体験者は多数おりまして、数多く報告がなされています。世界各国に体験者がおり、臨死に関する何冊もの著書が発行されています。

臨死という意味は、死の入口ということで、死そのものではありません。前述のように、生物学的に、本当に死んでしまえば、あの世からは戻ってくることはできません。

死の入口はあくまでも死の入口であって霊界ではありません。臨死の状態は、心臓は止まっているかもしれませんが、脳はまだ生きています。まだ肉体の細胞は死滅していません。このような状態で見た霊界は真の霊界ではなく、やはり霊界の入口と言ってよいでしょう。しかし臨死体験者の告白の中に「幽体離脱」現象があるのは注目すべき点です。

幽体離脱というのは、霊魂と共に幽体が肉体から離れていく現象です。「幽体」というのは霊魂を包む非物質的な第二の分身とでも言うべきものです。イメージ的に説明すれば、肉体という衣服があり、その下に霊魂を包む目には見えないもう一つの衣服があると考えてください。肉体が衣服であればその下の衣服は下着ということになりますが、人間の下着では正しいイメージにはなりません。あくまでも、肉体に包まれている目に見えない衣服として説明するのが妥当です。

「幽体離脱」を意識的に行うことができるという霊能者もおります。肉体をその場に置いて、霊魂とともに肉体を抜け出し、幽体の旅を続けるということです。しばしの旅を続けて再び、肉体ところに戻ってくるわけです。

初代会長隈本確（聖の神霊位）から、生前私は幽体離脱の話を聞かされました。初代会長は、ときどき幽体離脱を試みて、遠隔地の気になる会員さんの状況を見てきた様子などを私に語ることがありました。

幽体の遊離はほとんどが自然発生的に起こるとされていますが、ときには意思の力によっても起こることがあると文献にも記されています。初代会長の場合は自分の意思で自由に自分の幽体を離脱させることができたのです。

幽体離脱でしばしば聞く話は、死を宣告された後、自分の肉体から幽体が抜け出し、自分の死んだ肉体を見下ろしているというような話です。臨終を宣告された自分の肉体に肉親が取りすがって泣いているのを幽体となった自分を見下ろしているというような構図はよく聞く話です。

なぜ臨死体験でこのような話が語られるのかというと、再び幽体が何らかの事情で自分の肉体に戻ってきて、奇跡的に蘇生したという体験者が予想以上に多く存在しているということです。

「私の幽体が肉体に戻った瞬間、それまで取りすがって泣いていた母が、あっ心臓が動いていると叫んだのです。その母の声は遠い彼方から聞こえてきたように思えたのですが、次の瞬間、私は蘇生したのです。要するに私の肉体に血が通い始めたのです」

そのような意味の記録を文献の中で私は読んだことがあります。

また、記録や見聞ではなく、実際に私は臨死体験をしたという人の神霊治療をしたことがありました。四十五歳のご婦人で、当時、離婚されて独身の方でした。離婚の原因は病弱で家庭的な仕事は何一つできないということのようでした。

この方は確かに、霊的にも不幸を背負っているような人で、神霊治療で何度も浄霊しても、数カ月も経ずして新しい低級霊に憑依されて苦しむという、言うならば典型的な霊媒体質の人でした。

四十歳のとき、何十万人に一人がかかるというような奇病にかかり、突然高熱を発し、生死の境をさまよったということです。この方の臨死体験はどうやら、そのときのことだったらしいのです。

高熱に冒されて三日めの頃、今まで苦痛に呻いていたのに、突然、爽やかな気持ちになりました。不思議に思っていると、肉体から突然、自分の幽体が抜け出したというのです。天井の一角で、病室のベッドに横たわる自分の肉体を見ていたら、突然看護婦が何か叫びながら、部屋の外に駆け出していくのが見えました。その婦人の容体が急変したのです。しばらくすると、慌ただしく医師が入ってきて、心臓マッサージや注射を始めたというのです。

彼女はその風景を他人事《ひとごと》のように見ていました。やがて、彼女は病室を出ていきました。病室を出ると不思議なことに、目の前に白い平野が開けたのです。その平野の中程に、大きな川が流れていました。

婦人は心地好い風のようなものに吹かれ、ゆっくりと川辺《かわべ》りまで歩いていきました。やがて右手の森の中から、数人の山伏（？）が現れて彼女に向かって歩いてきます。そして、盛んに彼女に手招きをしていたというのです。

あまりに気分がよいので、招かれるままに白装束のグループに歩いていこうとすると、遠い昔に死んだ祖母が突然行く手に現れました。彼女が子供の頃に死んだ祖母で、心底可愛がってもらった記憶が残っています。

「祖母《ばあ》ちゃん！」

彼女が駆け寄りますと、祖母は怖い顔をして言いました。

「あっちへ行ってはならねえ……、こっちの道に歩いて行くのだ。こっちの道は病院だ。早く病院にもどれ！」

祖母の指さす方向は白装束の一団と反対の方向でした。

大好きだった祖母の言うとおり、彼女は、祖母の指さす方向に歩いていきました。山伏に捕まったら大変だという意識がどこかにありました。

「そこで私は蘇生したのです。夫が大声で自分の名前を呼んでいました。医師は盛んに心臓マッサージをしていました」

婦人は私に臨死体験の一部始終を語りました。

「あんなに心地好かったのに、意識が戻ると急に呼吸困難になりました。ああ、あんなに爽やかだった気分なのに、戻って来なければよかったと、ほんとうに悔やまれました」

何度めかの神霊治療で東京聖地に訪れたとき、婦人が茶飲み話で私に語った幽体離脱体験でした。

彼女の語る白い平原、一筋の川の流れというのは、臨死体験者が共通して語るあの世の入口の風景です。中には花が咲き乱れている草原と語る人もいます。花が咲き乱れているというと、この世の風景に近くなり、臨死体験か、臨終の床で見た夢なのか区別は定かではありません。それはともかく、幽体離脱をして自分の死んだ肉体（臨終の肉体）を見下ろしているというのは臨死者の共通して語る風景です。

このような例のように、霊界の入口までは行って帰ってきた人はたくさんいるわけです。その辺までのことは、証言者が多数いるわけですから、百パーセント真実か否かは別として、あの世の入口から帰還した人の話は信じてみてもよいのかもしれません。

問題はその先です。完全なるあの世（天界）に行ってきたという話となると体験者は一人もおりません。脳死の後には生き返らないのですから当然です。ところがあの世の風景を見てきたようにもっともらしく語る人もいます。

「その話をあなたは信じるか？」ということです。

霊界はいつも光に満ちていて、花が咲き乱れていると語る人もいます。その人の語る風景は想像なのか、霊界通信なのか、実際に霊能力であの世に訪れた報告なのか、いまだに信ずべき根拠がはっきりしていない例が多いと思います。

しかし、その逆のことをいう人もいます。死はすべて無に帰するという考え方です。死はあらゆるものを無にさせて残るものは何一つないという考え方です。

私は、神霊能力者として、はたまた神霊学研究家の末席を汚している者として、死は全てを無に帰するという考えは否定いたします。

いずれにしても、もともとが見えない世界のことであり、迷信も真実も紙一重というのが、あの世の常識的な判定ということになりましょう。

どちらの立場を信ずるか、というのは、各自が持っている精神世界への向い合いかたによります。有か無か、どちらを信ずることが豊かな人生となるか、それによって決めることは大切で、その姿勢が生きる指針になることは間違いありません。

あの世の存在について

前項で述べたように、実在する霊界についての真の姿は、あの世に行って帰ってきた人はいないわけですから、一般の人の霊界実在の確たる証言者はいないことになります。一般の人の……と言うのは、中には偉大な宗教家や霊能者が神通力によって、あの世をかいま見たという方がいるからです。それを私たちはどこまで信ずるかということで、各自のスタンスが決まります。

幽体離脱のように、一般人の体験者が蘇生して再び人間世界に戻って証言するのとは違い、霊界の実在の証言は優れた霊能者の話は別として、あくまでも一部証言者の推測を私たちは、どこまで許容して受け容れるかということになります。

あの世の実在についての証言は、蘇生者が存在する幽体離脱体験とは区別して語らなければならないと思います。

死後の世界については、世界各国、いろいろな民族に語り継がれている伝説があります。すなわち「霊魂不滅」という考え方は、古来より、万国共通の関心事であったのは間違いありません。

古代の人たちは、人間があの世に旅立ってからも現界と同じように生活をすると考えていました。それは人間の一つの願望だったのでしょう。例えば生きていたときと同じように、狩猟に出かけたり、妻を娶《めと》って子を生《な》し、あの世にある村に住むなどという、素朴な童話みたいな話が語り継がれている例もあります。

ゲルマン民族には、黄金の宮殿に住み、美女をはべらし、あの世にばっこする悪魔の軍勢と戦うなど、いささか滑稽なあの世の物語が伝えられています。これなどは死を美化することで、死の恐怖を無くそうとしたものと考えられます。

もちろんその逆の考え方もあり、死は帰る当てのない淋しい場所への旅立ちととらえている民族もあります。

また、一度死んだら生き返ることはないと考えている民族もあれば、何度も生まれ変わるという考え方をしている民族もあります。

キリスト教や仏教など、宗教が生活の中に入り込んできますと、人間は生まれながらにして罪を背負っているという考え方が人間の中に定着し、死は一種の贖罪であり、その考え方に沿うように、天国や地獄の存在がクローズアップされるようになりました。

哲学や科学という学問の上では、死後の存在自体は研究対象にならずに「霊魂の不滅」という考え方のみに学問的思索が向けられました。

「霊魂の不滅」について最初に論じたのはプラトンですが、不滅の霊魂は形ではなく「イデア（理性）」であると説きました。

この考え方は哲学研究の方向性を示しはしましたが、霊魂不滅の論理的根拠を構築するまでには熟すことはありませんでした。

やがて心霊科学の分野で改めて「あの世（死後の世界）」について論じられるようになりました。そもそも、心霊科学の成り立ちは霊魂実在を仮説として認めるところから、出発しています。すなわち、心霊研究はいかにして霊魂実在を科学的、物理的に証明するかという学問です。

心霊の研究は、基本的に、霊能者と称する人の協力を得ていかにして心霊現象を科学的に立証するかということです。

資料の収集も研究の大切な仕事ですが、一番大きな実験は、霊媒による死者との交流記録です。この記録は世界に多数あり、それは私たち研究家に大変大きな参考書となっています。

死後の世界――天界に至る推論

初代会長隈本確の教えた死後の世界

初代会長隈本確（聖の神霊位）より、私は死後の世界についてさまざまな教えをいただきました。初代は死後の真相について、およそ次のように述べています。

初代の残した膨大な著書や文献には形を変えつつも、死後の世界については折にふれて述べていますので、熱心なる読者にはすでに周知のことと思います。しかし、初めて接する読者のために、初代の考えの概略をお伝えし、後に私の意見を述べることといたします。

本書のような本を手に取られる人はスピリチュアリズムに関心のある人と考えますので、ほとんどの人は死後の実在を信じていることと判断いたします。

初代は死後の世界を信じようと信じまいと確実に存在すると断言していました。それゆえに、死後の世界を信じないままあの世に入っていった人は驚き、かつ、うろたえると言うのが初代の持論でした。その理由は、肉体が消滅したのにもかかわらず想いが残っているからです。死後の世界を信じていなかった人は、死後の世界に突然霊魂が入っていくのですからうろたえるのも当然です。死後の世界を無視していた霊魂はあの世でしばらくの間、迷い苦しむというのです。

一方、死後の世界を信じていた人は、現界で守護神や守護霊の導きを実感し、祈りの生活を持っていた人は、現界での生活が終わると、守護神（守護霊）の導きによって、何の苦痛もなく永遠の修行の場に入っていけるのです。

「現界（うつし世）での人生はわずか百年足らず。これは永遠の修行の場に入っていく準備期間のようなもの」

これは初代の口癖でした。

「永遠の霊界に比べれば、現界での生活はうたかたの夢」

これも初代の口癖でした。

初代の理論によれば、幻のような短い現界の生活から永遠の修行の場に行くためには「死」という難関を突破しなければならないと教えています。

新しい魂の誕生は死によって始まるのです。しかし前述したように、死後の世界を体験した人がいないのですから、死後の世界が不可解であるのは当然のことです。そうであればこそ、現界に生きている間に死後の世界を認識しておくことが大切だというのが初代のスタンスでした。

初代会長の隈本確いわく、「霊界に入ってからの霊魂は、最低でも三千年間は霊としての活動を続ける」というのです。初代会長の隈本がアプローチした霊魂の一番長い霊界での活動歴は十五万八千年だったということです。その霊は十五万八千年前に亡くなった霊で、キリストも釈迦も顔負けということになります。さすがに天文学的年数を経た霊魂は「想い」の固まりとしての霊魂ではなく、精気のようなものだったと初代は解説しています。それでも霊魂としての意思を持ち続けていたというのですから驚きです。

初代は、あの世というのは人間の感覚で言えば、まさに未来永劫と同じだと語っています。それこそあの世に確かな場所を得ることができなかったら、この世の不幸や悲しみどころではなく、未来永劫、永遠の絶望ということになってしまいます。

初代の理論では、霊界で救われない人のほとんどが、死後の世界を知らずにあの世に入っていった人だというのです。

死後の世界の話から少しずれますが、関連しているのでお話いたします。要するにあの世（天界）に修行の場を持てなかった霊魂は、悪霊となって人間に災いをもたらします。

このことはすでに本書でも、随所で述べています。

広い意味で悪霊の中に低級霊も含まれますが、低級霊は人間の手で浄化してやることで、天界に送り届けてやることができます。

同じ低級霊でも、永遠に天界入りを放棄した狂霊は厄介な存在です。これは低級霊というより悪霊です。言い換えるなら悲惨な霊です。この霊の祟りは、浄霊の後に、さらなる強い神霊の力（エネルギー）で封じ込めて浮遊しないようにしなければなりません。

初代は、霊魂というのは、人間の生存中は固定した状態にあるのではなく、精気というような形態のない形で存在していて、髪の毛の一筋、肉体の隅々にまで分散しているが、やがて死を迎えて魂に形成され、人間の死と同時に魂としての活動に入ると説明しています。すなわち、そのときが魂の目覚めだと説いています。

初代の語った霊界風景

生前の初代から霊界の風景について聞いたことがあります。ただ、初代は霊界の風景は多くの人がおもしろ可笑しく語っているが、ほとんどが信ずるに足りない、いかがわしいものであると語っていました。しょせん霊界の話は、聞く人にとって半ば眉に唾をつけて聞いている人が多いのだから、霊界の風景についてはあまり語ったり書いたりしないほうがよい、と言われていました。しかしながら、そういう初代も、霊界の風景について、講演をまとめた書籍で何度か述べています。何の粉飾もせずにそのまま紹介することにいたします。

初代には、長年の交遊があるYさんという友人がおりました。このYさんが亡くなる前に初代に遺言を伝えました。

「隈本会長先生、ひとつお願いがございます。私が死んだら私の魂を必ず天界に送り届けてください」

そんな願いをYさんは初代に伝えました。

Yさんの訃報を受け取った初代は、友人のよしみで、遺言通りに彼の魂を霊界の高い場所に天界上げをしたのでした。

初代は約束を果たしたものの、死んだYさんのことを気にかけていました。

ある夜、私と日神会の事務的な打合せが終わった後、初代はぽつりと言いました。

「亡くなったYさんは、霊界でどんな生活をしているのか、今夜あたり、霊界に視察に行ってこようと思う。明日でもお前に話を聞かせてやろう」

初代はそう言って祭壇のある部屋に引き上げていきました。

私たちにとって現界での生活期間は、短い幻のようなものであり、死という難関を乗り越えたあとに、霊魂は現界での社会的地位、家族、人間関係などの“衣”を脱ぎ去って、霊界に昇り、永遠の修業生活に入っていく。

現界での生活と、死後の修行生活

翌日、初代は私を自室に呼んで霊界探訪の一部始終を語ってくれました。

初代の見た霊界は、はるか彼方まで草花の原が続いていたということです。その花の草原の中程に大きな川がゆったりと流れていました。

その川には光り放つような真っ白な木の船が浮かんでいました。船上では白装束の女神、男神が楽しげに酒宴を催していました。妙なる楽の音がどこからともなく聞こえてきて、神々は笑いさざめきながら宴に興じていました。

漕ぎ手のいない船は、川が川上から川下に流れているのに、船は手繰られるように、ゆっくりと川上へ進んでいきました。

現界の風景を見慣れている初代には、ほとんど信じられないような光景でした。その風景に見惚《と》れていると、どこからか、Yさんが現れて言いました。

「天界に送り届けてもらい、ほんとうに有難いことでございます。私は毎日楽しく過ごしています。自分の死を予感したときは、ふたたびこの世に生まれ変わりたいと考えていましたが、もう二度とあのような汚れた人間世界には戻りたくありません。会長先生も、早くあの世を見限ってこちらの世界にこられたらどうですか」

Yさんはしきりに初代を誘うのです。

「お誘いは有難いが、私には現界での人助けの使命がまだ残されています。使命を果たした後、その時期が来たら、私も神の世界に来るでしょう」

そう言って初代は霊界から戻ったということです。

初代は霊魂離脱の秘法を持っていまして、しばしば霊界や神界の探訪に出かけておりました。霊界にも多くの段階があり、上の位に行くほどに金波銀波に満たされ、燦然と輝く光の空間になっていると語っていました。また上の段階に行けば行くほど、光は白色を帯びて輝いているということです。

前述したように、霊界の風景は一般の人にとっては荒唐無稽に聞こえるはずだから、できるだけ話さないほうがよいというのが、初代の遺言でした。

第二代会長としての私の霊界実在の推論

私は日神会の第二代会長として、当然ながら初代会長隈本確（聖の神霊位）の薫陶《くんとう》を受けてまいりました。そういう意味で、私は第二代日神会会長として、初代の霊界理論の継承者でもあります。

しかし当時、初代の指導を受けながら、私の研究結果と、初代の理論に隔たりがある部分があるのも自覚しておりました。

初代は日神会の創始者であり、その理論は日神会の教えの中核をなすものですが、弟子である私たちは、師である初代の理論を継承しつつも、初代理論の方向を時代に合わせて修正したり、新しい理論を積み重ねていくことが、後進の使命でもあるということも自覚しております。

霊界の風景にしても、私の研究では霊魂が人間の形をなしているのは幽界にあるときで、幽界の期間が過ぎますと霊魂は「想いのエネルギー」となり、人間の形が消滅し、光の集合体のようなものに変化していきます。人間界で見ることのできる陽炎《かげろう》に近い形状となります。

霊界の修業段階で、位の高さ低さによって修行の場所の明暗に違いがあり、さらに霊のまとっている光の衣にも違いがあります。光の衣というのは、人間的感覚の比喩で、光に包まれている霊魂のイメージを抱いてください。

霊同士、想いの交換はでき、意思の疎通をはかることができます。

霊界の風景は、私の推論では、川や船といった現界の風景というより、広大な空間は、光と静寂に満ちており、修行の段階で明暗に違いがあり、上の段階に上っていくほどに、霊魂のまとう光の色彩が変わってきます。

原則として霊魂は現界の人間が考えているような想いはいだきません。悲しい、淋しい、空腹だ……、と、いうような現界の人間の感情は超越しています。

霊にいろいろな想いを託したり、霊に対して人間的反応を求めるのは、人間的感情であって、必ずしも正しい姿勢とは言えません。しかし、霊に対して人間としての優しさや畏敬の念を持つことは大変によいことです。霊に対して真摯で純な心を抱くのは、高級霊の好む波長として霊魂に届きます。

霊は人間と同一の感情は持っていませんが、現界の人間を幸せにしようと、いろいろな形で人間に関わってくるのが、高級霊の特色の一つです。霊に対して細やかな優しさと、畏敬の念を持って接するなら、霊は、人間の一生がよりよいものになるように、サポートしてくれるのは間違いありません。

次頁に掲載している図は初代会長のものと第二代会長の私のものです。共通しているところが多々あるのは当然ですが、言葉の使い方が変わっています。

初代は霊界の段階の区分として、仏界・神界という言葉で区分しています。しかし、通常、私たちが「神」というときは、キリスト教教祖、イスラム教教祖、八百万の神の日本神道

初代会長 隈本確の考える霊魂向上図

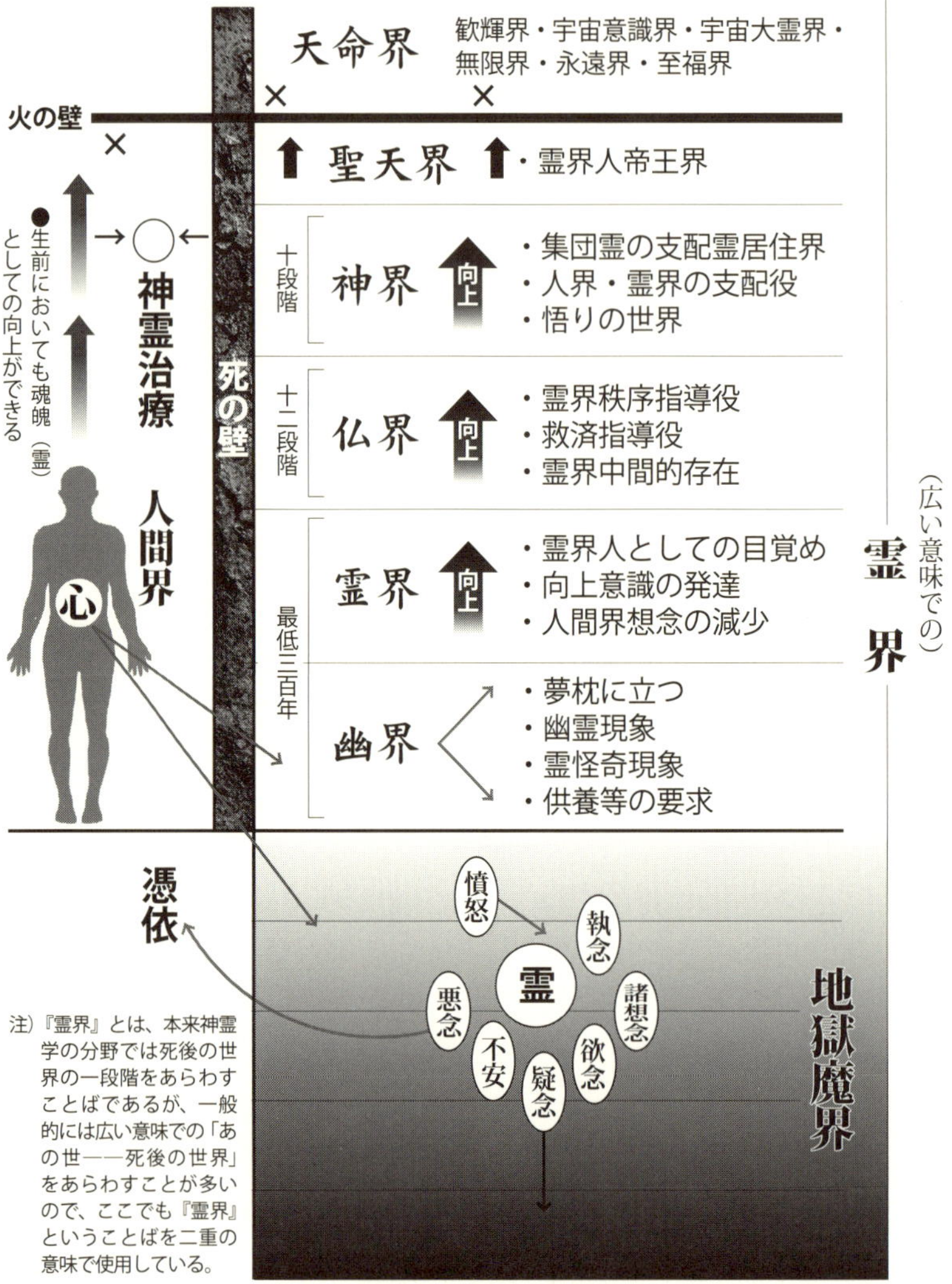

注）『霊界』とは、本来神霊学の分野では死後の世界の一段階をあらわすことばであるが、一般的には広い意味での「あの世——死後の世界」をあらわすことが多いので、ここでも『霊界』ということばを二重の意味で使用している。

※神霊治療は神界の段階にいたって、はじめて可能となる

第二代会長 隈本正二郎の考える霊魂向上図

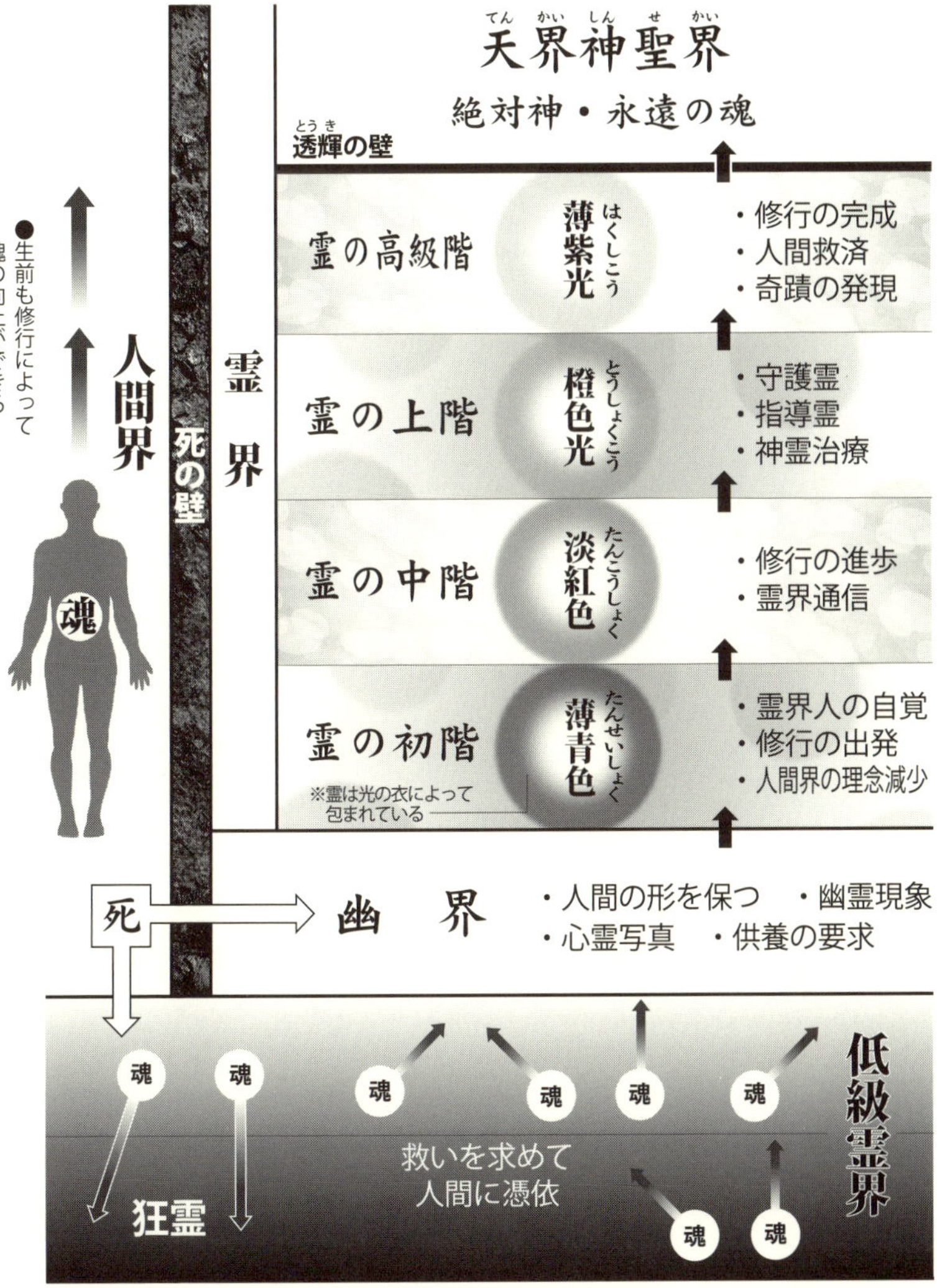

の神々、あるいは、人間が観念として抱いている絶対的力を持つ存在……を神と呼びます。また仏というのは、仏教の教祖、釈迦によってもたらされた教えであり、神や仏を霊界の区分として用いるのは言葉として適当ではありません。

初代は、私たちになじみやすい「神や仏」の言葉を霊界の区分に用いたものと思われます。第二代の私が、ここで訂正させていただきます。しかしながら、初代の霊界区分は正しいもので、私の霊界区分も初代の教えに負うところが多大であることをお断わりしておきます。

地獄とは狂霊界のこと

地獄については、前著「神秘力の真実」で詳しく述べていますので、地獄の解説はここでは省略いたします。

地獄の存在を教えに取り入れているのは仏教です。本来、宗教には必ずと言ってよいほど戒律が定められています。戒律はどの宗教にもあります。本来、宗教というのは、日本神道のような例を除いて、人間の人生を教え導くものです。祈りや悟りや救いの方法を教えるのが宗教です。言うならば人間としての生きる指針です。

すなわち教義は人生論です。人間として守らなければならない基本的な生き方が示されているのです。その教えは破ってはならない戒律として信徒に提示されているのです。そして、その戒律を破ったものは、魔界や地獄に落ちると教えているのです。

仏教の地獄の教えは一つの脅かしです。脅すことで教えを守らせようとしたわけです。すなわち「嘘をついてはならない」「人を殺してはならない」「人のものを盗んではならない」「妻以外の女と姦淫を犯してはならない」……。と、仏教にもいろいろな戒律があります。ある意味で戒律は人間としての道であり当然の戒めです。

人間は本能によってつき動かされる動物でもあります。そういう意味では人間は弱いものです。その人間としての弱さは、仏教的に言えば煩悩ということです。

人間は本来、動物と同じ本能を持っています。お腹が空けば食物を求めます。異性に対して性的欲望も感じます。このような人間的弱さに打ち勝つのが宗教的修行です。食を制限したり、断食の行を行ったり、不眠の行、女人禁制などの苛酷な修行は宗教的に清浄なる人間に脱皮するためのものです。

そして宗教が信徒に厳しい戒律を求めるのは、宗教的人間として正道を歩ませるためです。しかし人間は弱いもの、つい目先の煩悩に負けて人間の道を踏み外すこともあります。そこで、厳しい戒律を守らせるために、地獄や魔界の存在を強調し、宗教的な罰を宣告するわけです。

仏教を例にとっても、残酷な恐ろしい地獄絵図が描かれています。「罪を犯せば地獄に落ちるぞ」という警告、脅かしの地獄絵図なのです。

神霊学的には、地獄というのは霊魂の迷いの世界です。

何度も、述べておりますように、低級霊は救いを求めているのです。本来、人間とは、現界を正しく生き抜き、あの世で永遠の修行を励むためにこの世に生を受け、やがてあの世におもむくのです。ところが大霊界のルールから外れて、低級霊となり、人間の手によって救われることもなく、迷いの世界に入ってしまう霊もあるのです。これが狂霊です。救われることを放棄して、人間を不幸に引きずり込もうとする最低級心霊です。その動きは大霊界のルールを逸脱しています。ゆえに狂霊と名づけるゆえんです。

狂霊は絶望の霊です。迷妄の霊です。光のない暗黒にひしめく悲惨な霊です。私たちは日ごと夜ごと、浄霊の日々を忘れることなく、死して霊界の修行の場にたどり着くことが大切です。

霊界通信の不思議

我々神霊能力者にとって霊実在の証拠となるのが、あの世の霊魂によって現界の人間に送られる信号です。

一般の人にとっては「a幽霊現象」、「b心霊写真」、「cラップ音（霊の発する叩き音）」、「dポルターガイスト（騒々しい心霊音）」などは気味の悪い現象かもしれませんが、霊能者にとってはまぎれもないあの世の実在を示すものです。

他に、一般の人が不思議に思うのは「霊界から送ってくる通信」のことだと思います。

霊界との交信は何通りかがあります。

(1)こちらから通信を送り、それに霊が答える

●霊の想いを訊く

●不明な点を質問する

⑵一方的に霊が通信を送ってくる

●危険の告知

●警告全般

⑶霊との会話

以上のほかに例外がありますが、およそ以上のような点が霊界との通信の主なものと言えるでしょう。

霊界との通信に入る前に霊界実在を示す前掲のａｂｃｄについて簡単に解説しておきましょう。

a 幽霊現象

幽霊は多くの場合、人間の形をして現れるのが普通です。神霊学的には「幽姿現象」と呼ばれるものです。

「霊現象」となりますと、後述する「心霊写真」なども霊現象ということになりますが、「幽霊現象」というのは、私の定義では人間の目に見え、かつ人間の姿で見える「幽姿現象」ということが条件となります。

霊が親しい人に別れを告げたり、想いを訴えたりするときに人間の姿で訴えたりすることがあります。人間の姿をしているほうが確実に相手と接触ができたり、想いを訴えたりできるからだと思います。

ホラー映画や怪談話のように、幽霊が恐ろしい姿で現れることは皆無ではありませんが、非常に少ない現象です。

幽霊が髪を振り乱しておどろおどろしい姿で現れるのは、人間の想像の産物と言えると思います。騙されて殺された霊はさぞかし無念であろうと、人間は考え、霊の復讐物語をあのようなドラマに作りあげたのではないかと思います。霊魂は復讐という想念を持つことはきわめてまれです。むしろ加害者である人間が、あの人にあんなことをしてしまったという人間の良心の呵責が幽霊を恐ろしいものとして物語を組み立てたのです。

b心霊写真

通常私たちが心霊写真というときは、何気なく撮影した写真の中に幽姿（幽霊の姿）が写っているものを指します。多いのは多人数で撮影した記念写真の背景の中に幽姿が写っているものです。

多くの人に心霊写真の鑑定を頼まれるのですが、その八割程度は故意に現像の段階でトリックを施した偽の心霊写真です。

記念写真などに写る幽姿は、顔がほとんどですが、まれに全身が写っている場合もあります。

cラップ音

これは霊の発する、物を叩く音です。幽霊が現界の人間に自分の存在を知らせるために立てる音です。霊の発する音の中で、このラップ音が一番多く、反応が単純なので、心霊実験などにも利用されます。例えば霊に質問して、イエスなら一つの音、ノーなら二つの音などというふうに利用されます。

「あなた（霊）は私の呼び出した××博士の霊ですか？」

こつ〜ん　と、一つのラップ音が返ってきたらイエスというわけです。もちろん、その質問がノーなら、こつこつ、と、二つのラップ音が聞こえてくるというわけです。

実際には私の研究によりますと、霊の立てる音は、ラップ音だけではなく、物を引きずるような音、衣ずれのような音など、さまざまです。その他にも、足音、すすり泣きのような音も確認しています。

dポルターガイスト

ドイツ語で「うるさい幽霊」という意味の言葉です。「騒々しい霊魂」と訳されている書物もあります。言葉どおり、物が飛んできたり家具が動いたり、がたがたとドアが揺れたりします。

霊界通信のさまざま

ところで肝心の霊界通信ですが、私の場合、前述の三つの形式が考えられます。

こちらが通信を送り・霊が答える
——霊の想いを訊く——

こちらが通信を送る場合は二つの必要性からです。一つは霊が何を考えているか霊の想いを訊くためです。もう一つは霊界の不明な点を質問して霊に答えてもらうということです。すなわち、霊に不明な点を問いただすわけです。

個別に例を挙げていると紙数に限りがありますが、神霊治療において低級霊の浄霊をしようとするとき、スムーズにいかないことがあります。そんなとき、憑依している低級霊に特別の想いがある場合があります。その想いを訊き出して、霊の言い分を受け止めてやったり、霊を説得したりするために霊とコンタクトを取る場合があります。

霊の想いはさまざまで、現界に残してきた気がかりを解決してほしいとか、夫や妻、子供にかくしかじかのことを伝えてほしいとか、自分は霊界で救われているから安心してほしいなど、訴えたりする例もあります。そのような霊の想いを聞き届けてやることで、困難な霊障が一挙に解決したということもあります。

霊の想いを訊いて、こちらが求めている答えをすぐに返してくれる場合もありますが、こちらの想いが、なかなか伝わらないということもあります。それは当然のことで、あの世と現界という次元の違いを越えての通信ですから、すんなりとあの世の霊が返事を返すとは限りません。また、こちらの質問に正しい答えが返ってくるとも限りません。現実社会の人間同士の会話でも誤解があったり、聞き間違いがあるのですから、霊との会話にしばしば行き違いがあるのは当然と言えば当然なのかもしれません。中にはこちらの求めている質問に的外れの返事をしてくる場合もあります。何度も行き違いを繰り返しながら、霊の想いを訊きだすのですから大変な作業です。

——霊界の不明な点を訊く——

霊界は現界の人間にとって判らないことばかりです。私たち現界の人間は、研究や推論で、不確かな部分は、霊に訊くしかありません。極端な話、人間は霊界の細部にわたっては判らないことだらけです。しかし、すべてを霊に問いただしても、答えてはもらえません。実際は霊界の風景というものについて、霊の答えは明確ではありません。

例えば、ある日の霊界通信を再現してみます。

「あなたのいるところはどんな場所ですか」

こんな質問には霊は明確に答えてはくれません。

「明るい場所ですか？」

そんな質問に対しては「明るい」という答えが返ってきます。しかし、「その場所には花が咲いていていますか？」というような質問には答えがありません。

「明るいのは光のためですか？」という質問には「光ではない」と答えが返ってきます。

「なぜ明るいのですか？」という質問に「はるか彼方まで見える」と答えが返ってきました。考えてみると、霊界に光があるとは考えられません。しかし、暗いはずもありません。

私の通信した霊は「なぜ明るいか」という質問に「はるか彼方まで見える」と返事をくれ

ました。これなどは明確な答えの部類です。

私の勝手な憶測ですが、霊には答えるべきことに重要順位があり、重大な質問には割に明確に答えてくれますが、あまり重要と思われない質問には明確な答えを返してはくれないのです。

私たちにとって霊界の風景は大きな関心事なのですが、霊にとっては重要順位はさほど高くないのかもしれません。このようなたどたどしい霊との交信をくり返しつつ、霊界の姿を少しずつ解き明かしていくのですから、大変な作業ということになります。

一方的に通信を送ってくる
——危険の告知——

霊は守護霊のみならず、現界の人間を守ろうとする想いがあり、それを実践します。特に高級霊にはその傾向が強いようです。危険な場所に近づかないように人間を誘導したり、近づくことを止めたりします。

その場合の告知の方法は、一方的に通信を送ってきます。例えば、危険な場所に近づこうとすると、その場所に行かせないように、用事を作ったり、体調を不振にさせたり、別なルートをたどらせるように仕向けたりします。そのために、その人は大事故に遭遇しなかったという体験者の話を、私は何度も聞いております。

多少、霊能力のある人には、霊は言葉で直接語りかけてくることもあります。

「その場所に行ってはならない」「行くな」「行くな」など、耳の奥に、得体の知れない声が聞こえてくることもあります。

だれが？　と、話しかけられた人は周囲を見回したりします。しかし、周囲にはだれもおりません。やはり自分の空耳だったかと考えますが、確かに耳の奥に声はするのです。気味が悪いと思って医者に駆け込んだ人もいます。中には、私のところに相談にきた人もいました。私はそれは霊の危険の告知だと答えたことがあります。後日調べたところ、もしその人がその場所に行っていれば大事故に遭遇していたのです。

霊の通信の中で、危険の告知は非常に重要なものです。

――警告全般――

霊は人間を守るために、危険の告知ばかりではなく、さまざまな警告を送ってきます。私たちはそのことに気がつかないまま、霊の警告にしたがって、無意識に行動している場合が多いのです。そのためにつつがなく生活しているということも言えるのです。

ある行為をしようとするとき、何となく気が進まないということがあります。それは案外、霊の警告ということがあるものです。何となく気が進まないからやめておこうということで、私たちはスムーズに暮らしているということもあるのです。逆に気が進まない行為をして失敗したりするのは、警告を無視したための結果です。もちろん、気が進まないという思いが怠けごころなら、これは話は別で、その人は霊に守られる資格のない人です。

霊との会話

霊魂実在の証明の一つとして、霊魂と交わす会話があります。もちろん、私たちの日常社会で、人間同士が会話を交わすような滑らかでスムーズな会話が霊との間で交わせるはずがありません。

前述の霊の想いを訊くときに霊に働きかける方法とほとんど変わりません。やはり、霊に対して質問し、イエスかノーかで答えてもらうことが多いのです。まれに霊がこちらの想いを訊いてくることがあり、それで会話らしい形となります。

例えば、私が初代に「かくしかじかの件、これでよろしいでしょうか」と訊いたとします。これに対して初代の霊は「よろしい」という合図を送ってきます。あるいは「ならぬ」

という答えか、返事がない場合もあります。返事がないということは、多くの場合、初代の霊は納得していないという場合が多いようです。

霊との会話は、あせらず、相手の返事がもらえるまで、辛抱強く質問を続けるということが必要です。


以上、霊界通信について、いろいろと述べさせていただきました。必要以上に紙数を割いたのは、霊界通信は霊魂実在の大きな証拠となるからです。過去にも、霊界通信は、心霊科学の研究発展に大きな貢献をしてきました。霊界の実相は偉大な霊能者による霊界とのコンタクトによって明かされることが多いのです。

霊魂との会話は、他に霊媒を通じて行うことがあります。この場合は、割にスムーズに会話が進行しますが、霊媒の中には霊魂の言葉を必要以上に粉飾したり、霊言を勝手に自分の思いで、翻訳や脚色して伝えることもあるので、百パーセント霊の言葉として受け止めかねることもあります。

迷信の横行するあの世について、後世のために、私たち霊能者はできる限り真実を伝えるように努力しなければなりません。

フィナーレ　大霊界の大道を生きる

——あとがきにかえて

迷信と真実を見分ける知恵

私たちは、日常生活において、絶えず本物か偽物かを見分ける眼力を試されていると言えます。時代が進歩しようが、科学が発達しようが、文明が開けようが本物と偽物は私たちの身の回りにひしめいております。その証拠に「オレオレ詐欺」に泣いている人はいまだに跡を絶たないのです。私たちは、毎日の生活においても、偽物に騙される危険をいつもはらんでいます。

今さら言うまでもなく、私たちは、幸せな人生を歩むために日々努力しているのです。そのためにも、偽物を本物と錯覚しないことが必要です。「偽物」を「本物」と信じることは、人生の大事な物を失うことに通じます。

本物（真実）を手に入れることで、私たちは、豊かさに満たされたり、充実した人生を生かされたりしているのです。ところが、偽物を信じたときから、その大切な人生を狂わされ、せっかく手に入れた幸せを失うことにもなりかねません。

私たちは幸せな人生を歩むために、日常生活の中で、真実と偽りを見分けながら生活をする確かな眼力と、心のゆとりを持つことが大切です。

あらゆることに疑心を抱いて暮らすことは、本当に、淋しくもつらいことです。しかし騙された後に残される心の傷の深さ大きさを考えると、きれいごとを言ってすますわけにはいきません。事に当たり、一歩さがって、「これは真実か？」と目を凝らして見つめ直し、偽りには騙されない用心深さを持つことが必要です。

問題は用心深さだけがひとり歩きするのも困りものです。

本当に疑うことが正しい態度なのかどうか、そのことを裏づける知識と知恵がなければなりません。知識や知恵があれば、無知につけ込まれることはないからです。

余談が長くなりましたが、迷信と真実は大霊界にもまさに直結した話です。大霊界は一般の人にとっては見えない世界であり、不可解な世界と言ってもよいでしょう。「はじめに」でも述べましたように、不可解な世界は迷信や偽物が横行することが多いのは説明するまでもありません。何しろ、見えない世界のことですから、一般の人には十分な知識もなく、真偽の判定はつきかねるのです。

騙す側は、無知につけこんで、いろいろな話を持ち込んできます。相手がとんでもない話をしても、こちらに知識がないのですから、反論も否定もできません。ほとんどなすすべがありません。迷信に騙されて、みすみす大切なお金を騙し取られたりするのは何とも無念な話です。

本書では過去の自著でもふれなかった霊界実在の微妙な理論にまで言及してその真実を明かそうと努力いたしました。

本書を一読し、大霊界の虚々実々、迷信の醜さ滑稽さについて気づかれたことと思います。膨大な大霊界の真理と迷信のことですから、本書ですべてが解き明かされたとは思っていません。しかし、真理の光を射し込むことで、迷信の闇がかすかに照らし出されたと思っています。

以後は迷信に迷うことなく真理の大道を歩まれることを祈っています。

大霊界の法則と現界の幸せ

大霊界は、霊界と人間界（あの世と現世）を含めた「向上の法則」によって営まれているのです。

低級霊の憑依によって悲惨な生活を送らなければならなかった人にとっては、大霊界の「向上の法則」に納得がいかないかもしれませんが、低級霊を神霊治療によって救済し、霊界の上界に送り届けることによって、歪み傷ついた現実が改革され、修復されるのです。かつて低級霊だった霊も、霊界に修行の場を得て、未来永劫に向上の道をたどることになるのです。

私たちは、現世を全うして、霊界に入っていくということ自体が向上の道ということです。極論すれば、人間はいずれ死を迎えるというルールこそが向上の法則に組み込まれているという厳粛なる事実ということです。

人間は死があるために「現界」を生き抜くという理屈にもなるのです。屁理屈に聞こえるかもしれませんが、死のないところに向上はないのです。私たちは死があるゆえに永遠の向上が約束されているのです。すなわち、死は悲しむべきものではなく、喜びの旅立ちとも言えるのです。

それでは神霊学上の現界の定義はいかなるものでしょうか。神霊学上、現界は魂の修行の場所なのです。現界で修行して、その結果をたずさえて霊界で本格的な修行に入るのです。霊魂は霊界での修行によって進化向上を続けるのです。しかし、その基礎となる修行は現界で体験するのです。現界で修行をなおざりにして霊界に入ってきたら、霊魂としての修行の場は一番位の低いところから出発しなければなりません。

現界では私たちは、意識しないで修行をさせられているのです。私たちにつらい苦しいことがのしかかってきたら、大霊界の法則で修行させられているのではないかと考えることもできます。

その苦しみをいかに乗り越えたかということが、霊界の法則で試されているのです。襲いかかる難問を、真面目に乗り切ったか、いい加減に処理したか、直面する問題を避けて逃げたか、など、大霊界ではすべて把握しています。その努力の成果によって、霊界での修行の出発点が決まるのです。

襲い来る難問題に、真剣に誠意を持って取り組んで、立派に解決したということになれば高い点数を獲得できます。

苦しみや悲しみに負けてしまったり、自分を誤魔化したり、まともに難問に取り組まずに逃げたりする人では、霊界での出発点に違いがでてきます。

低級霊の憑依で苦しむことも、現界の修行に含まれています。私の研究でも、多くの低級霊を救った人は、霊界では高い位からスタートできるようです。

私たちはこの世に生を受け、最初から最後まで順風満帆、何の苦労もせずに一生が終わることはないと思います。もし、仮にそのような生涯があったら、喜ぶべきことというより、大霊界の法則の洗礼を受けずにあの世に行くわけですから、果たして高い位に着けるのかどうか、むしろ心配です。

出生の苦労、肉親の苦労、勉学の苦労、出世競争の苦労、恋愛の苦労、子供の苦労、金銭の苦労、憑依霊の苦労……、すべて大霊界の法則によって背負わされた苦労かもしれないのです。もし、自分の人生が苦労の連続なら、その苦労から目を背けずに、大霊界から与えられた修行だと思って真剣に向かい合ってください。

現在の苦しみは、永遠の幸福につながる苦労だと考えると、現在自分にのしかかっている苦しみに耐えぬいてみようという強い気持ちを持つこともできます。

あなたの守護神、守護霊は現界でけなげに生きようとするあなたを守ってくれます。決してあなたは、艱難辛苦《かんなんしんく》に対して、孤軍奮闘をしているわけではありません。あなたを守ろうとする、頼もしい霊とともに戦っているのです。

修行をないがしろにすることは、大霊界の法則に結果的に背くことになります。あの世の法則に背くということは、現界で苦労して、さらにあの世に行ってからも低い地位に甘んじなければならないということです。それでは何のための人生かということになります。この世の人生は高々百年です。しかし、大霊界には限られた時間というものはありません。大霊界は悠久の時が流れているのです。未来永劫の天界にわが魂をつなぐために、現界での短い人生の間に、私たちはできる限りの修行をしなければなりません。

現界の限りある時間の中で、迷信に翻弄されるのは時間の無駄と言ってよいかもしれません。迷信に迷うことなく、大霊界の真理の光によって、私たちは大霊界の大道を歩むことが真の霊的生涯と言えると思います。

貴重な時間を費やして本書をお読みいただいたことを心から感謝いたします。

なお本書を一読し、ご感想をお寄せいただければ望外の喜びとするところです。

また、神霊能力の世界に興味を抱き、自分の能力を開発し、神霊能力者として、救世の徒として人助けの道を歩みたいとお考えの方はご一報ください。研修に参加する方法などをお知らせいたします。

共に手を取り合って救世の道を邁進いたしましょう。

なおご連絡の場合は左記宛にお願いいいたします。

著者　隈本正二郎

日本神霊学研究会長崎聖地（本部）

〒856-0836　長崎県大村市幸町二五番一九三

電話（〇九五七）五二―五一五一（代表）

日本神霊学研究会東京聖地

〒141-0022　東京都品川区東五反田五丁目二八番五号

電話（〇三）三四四二―四〇八二一（代表）

[著者プロフィール]

隈本 正二郎（くまもと・しょうじろう）

1965（昭和40）年、長崎市に生まれる。父、隈本確と同様、少年時代より数々の霊的体験をもつ。20歳の頃より日本神霊学研究会の初代会長隈本確のもとで神霊能力者の修行を重ね、神霊治療の実践と研究を行ってきた。現在は、初代会長隈本確の跡を継ぎ、日本神霊学研究会の会長を務め、神霊治療と若き神霊能力者の指導・育成にあたっている。著書に『神と霊の力―神霊を活用して人生の勝者となる』『神秘力の真実―超神霊エネルギーの奇蹟』（展望社）がある。

神・真実と迷信

悪徳霊能力者にだまされるな！

2016年11月19日 初版第1刷発行
2016年12月17日 初版第3刷発行

著　者　隈本正二郎
発行者　唐澤　明義
発行所　株式会社 展望社
〒112-0002
東京都文京区小石川3丁目1番7号　エコービル202号
電話 03-3814-1997　Fax 03-3814-3063
振替 00180-3-396248
展望社ホームページ　http://tembo-books.jp/
印刷所
製本所　上毛印刷株式会社

©Shojiro Kumamoto Printed in Japan 2016

ISBN978-4-88546-320-4

定価はカバーに表示してあります。
落丁本・乱丁本はお取替えいたします。

展望社の昭和歌謡シリーズ

昭和の流行歌物語
——佐藤千夜子から笠置シヅ子、美空ひばりへ——
塩澤実信 著
四六判並製　本体価格 1900円

昭和の戦時歌謡物語
——日本人はこれをうたいながら戦争に行った——
塩澤実信 著
四六判並製　本体価格 2000円

昭和のヒット歌謡物語
——時代を彩った作詞家・作曲家たち——
塩澤実信 著
四六判並製　本体価格 1500円

（価格は税別）

展望社の俳句シリーズ

通俗俳句の愉しみ
脳活に効く
ことば遊びの五・七・五

――頭を鍛え感性を磨く言葉さがし――

美しい言葉、洒落た言葉、面白い言葉を見つけると、人生が楽しくなる。

菅野国春 著

四六判並製　本体価格1200円

心に火をつけるボケ除《よ》け俳句
脳力を鍛える
ことばさがし

――ボケないために俳句をつくってみよう――

五・七・五の言葉遊びには春夏秋冬という季節がかかわっている。自然のうつろひや生活に関心を持ってみよう。

菅野国春 著

四六判並製　本体価格1500円

一億人のための辞世の句

――〝辞世の句〟は一生一回限りのものではない――

すべての日本人にすすめる　新しい生き方。日常の中でつくり楽しむ　〝辞世の句〟。

坪内稔典 選書

四六判上製　本体価格1500円

（価格は税別）

日本神霊学研究会会長
隈本 正二郎
初著作

新大霊界シリーズ――①

神と霊の力

神霊を活用して人生の勝者となる

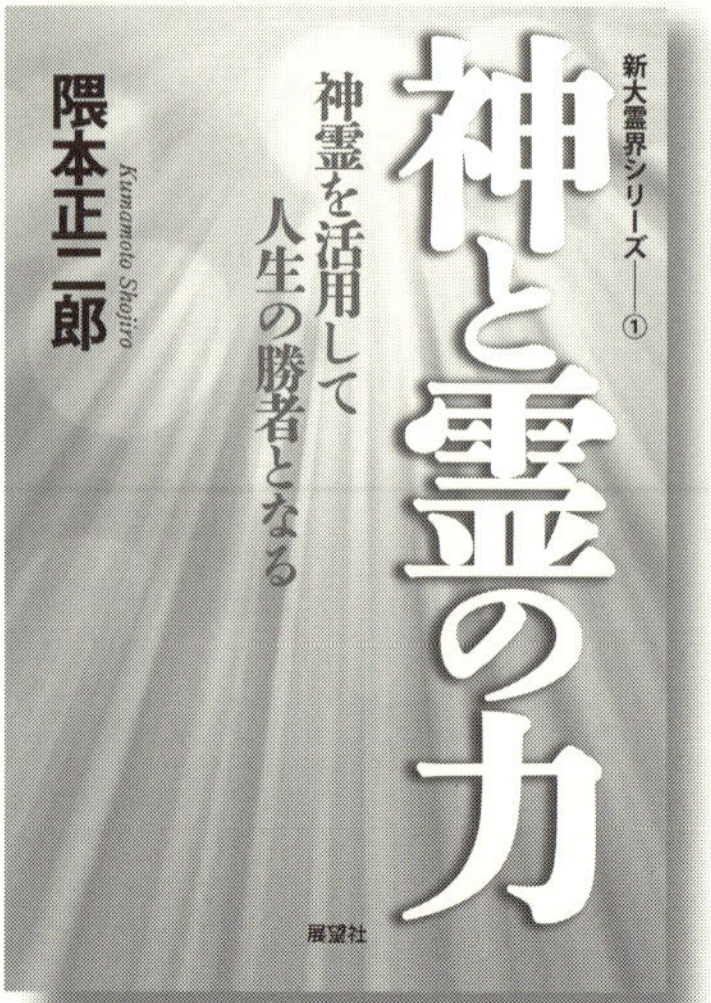

あなたの人生観が大きく変わる！

私たちは大霊界と無縁に生きることはできない。現代感覚でつづった霊界を生き抜くガイドブック。

主な内容（目次から）

■霊の実在を確信するところから人生が始まる
■霊の世界は五感を超えている
■運命が激変したら霊の力と考える
■霊によって起こる病気の数々
■浄霊による健康・開運の原理
■霊との正しいコンタクトの取り方
■善い霊に好かれる体質をつくろう
■死後の世界で永遠の生命を得る
■霊能者の生き方とコミット

●ISBN：978-4-88546-309-9　●四六判並製／定価（本体 1500円＋税）

日本神霊学研究会会長
隈本 正二郎
第二作

新大霊界シリーズ──②

神秘力の真実

──超神霊エネルギーの奇蹟──

守護神と守護霊は人間を守る。

【苦悩をぬぐい、強運を与え、夢をかなえる神秘力】

今明かされる
奇蹟のエネルギーの全貌

主な内容（目次から）

- ■眼に見えないものが持つ不思議な力
- ■奇蹟の神霊治療は神秘力そのものである
- ■現代的神霊治療の考え方
- ■初代隈本確の遺言の抜粋
- ■念力と霊力の驚異の神秘力
- ■神霊にすがって神秘力をいただく
- ■霊のとっておきおもしろ雑話
- ■死の真相と死後の世界

●ISBN978-4-88546-314-3　●四六判並製／定価（本体 1500円＋税）